JETA E PROFETIT MUHAMED

Shoqëria Islame Shqiptare

Përmbajtja

SI FILLOI E TËRË KJO

Para afër katër mijë vjetësh, në qytetin Sumer Ur, në luginën e lumit Eufrat, jetonte një djalë që quhej Ibrahim. Në fillim banorët e Urit e adhuronin Zotin mirëpo me kalimin e kohës, ata e harruan fenë e tyre të vërtetë dhe filluan të adhurojnë idhujt e ndryshëm, skulpturat e bëra nga druri apo argjili e disa herë edhe gurët e çmuar.

Edhe pse ishte i vogël Ibrahimi nuk mund të kuptonte se për ç'arsye populli i tij, e veçanërisht i ati, sendet te cilat i krijonin me duart e veta i quanin zota, e pastaj edhe i adhuronin. Ai çdo herë refuzonte që, së bashku me të tjerët, t'i respektojë keto skulptura. Ne vend te kesaj ai e lëshonte qytetin dhe i vetmuar mendonte mbi qiellin dhe botën rreth tij. Ai ishte i sigurt se populli i tij gabonte dhe kështu i vetmuar e kërkonte rrugën e drejtë. Një natë të kthjellët duke shikuar qiellin, ai pa një yll shkelqyes shumë të bukur, aq të bukur saqë klithi: "Ky duhet të jetë Allahu!"

Për një kohe ai e shikoi yllin me admirim, derisa papritmas filloi të zbehet dhe të zhduket. Ai përsëri iu kthye dëshpërimit duke thënë:

"Unë nuk i dua ata që humbin"

(El En'am: 76)

Një natë tjetër, Ibrahimi përsëri shikonte qiellin dhe pa hënën aq të madhe e aq të ndritshme që ngrihej në qiell dhe sakaq mendoi se mund ta prekë atë. Ai tha në vetvete:

"Ky është Zoti im"

(El En'am : 77)

Pas pak kohe hëna perëndoi. Atëherë ai tha:

"Nëse Zoti im nuk më udhëzon, unë do të jem prej njerëzve të humbur."

(El En'am: 77)

Pastaj Ibrahimi pa bukurinë dhe mrekullinë e lindjes së diellit, dhe mendoi se dielli do të duhej të ishte më i madhi dhe më i fuqishmi i gjithësisë. Mirëpo, edhe këtë herë gaboi, sepse nga fundi i ditës edhe dielli perëndoi. Atëherë atij iu bë e qartë se Allahu është më i Fuqishmi Krijuesi i të gjitha yjeve, i hënës i diellit, i tokës dhe i të gjitha krijesave të gjalla. Papritmas për një çast e ndjeu veten plotësisht të qetësuar, ngase e dinte se e gjeti te Vërtetën.

> *"Kur i tha babait të vet dhe popullit të vet: "Çka jeni duke adhuruar?" Ata i thanë: "Adhurojmë idhuj, vazhdimisht u jemi besnikë atyre!" Ai tha: "A ju dêgjojnë ata juve kur luteni?" Ose, "a ju sjellin juve dobi apo dëm?" Ata thanë: "Jo, por kështu i gjetëm se bënin edhe prindërit tanë!" Ai tha: "A po shihni se ç'po adhuroni? Ju dhe prindërit tuaj të mëparshëm. Në të vërtetë, ata (që adhuroni ju) janë armiq të mi, përveç Zotit të botëve (nëse përveç idhujve adhuroni edhe Atë). Zoti që më krijoi, Ai me udhëzon mua. Dhe ai më ushqen dhe më jep të pijë, dhe kur të sëmurem Ai më shëron, Ai më bën të vdes e mandej më ngjall, Ai tek i cili kam shpresë se do të m'i falë mëkatet e mia në Ditën e Gjykimit."*

(Esh-Shuara: 70-82)

Një ditë, kur të gjithë bashkëqytetarët gjendeshin jashtë qytetit Ibrahimi i zemëruar, me dorën e tij të djathtë i theu të gjithë idhujt përveç njërit prej tyre, i cili ishte shumë i madh. Kur njerëzit u kthyen, ata u zemëruan shumë. Atyre iu kujtuan fjalët që Ibrahimi u kishte thënë rreth idhujve. E sollën atë para të gjithëve dhe:

> *"I thanë: "A e bere ti këtë me zotat tanë, o Ibrahim?" Ai tha: "Jo, por atë, e bëri i madhi i tyre, ju pyetini ata nëse mund tê flasin?"*

(El-Enbija: 62-63)

Turma iu përgjigj:

> *"Po ti e ke ditur se këta nuk flasin?"*

(El-Enbija: 65)

"Ai (Ibrahimi) tha: "A adhuroni atë që vetë e keni gdhendur? E Allahu ju krijoi juve dhe atë që e punoni."

(Es-Safat: 95-96)

Ibrahimi vazhdoi:

"A po adhuroni në vend të Allahut diçka që nuk u sjell kurrfarë dobie e as dëmi?"

(El-Enbija: 66)

Në fund, Ibrahimi i paralajmëroi ata:

"Adhuroni Allahun dhe kini frikë prej Atij, se kjo, nëse e kuptoni, është shumë më mirë për ju. Ju në vend të Allahut jeni duke adhuruar vetëm idhuj që i trilloni vetë si gënjeshtarë. S'ka dyshim se ata që i adhuroni në vend të Allahut, nuk posedojnë furnizimin tuaj, pra kërkojeni furnizimin tek Allahu, adhurojeni Atë dhe shprehini falenderimin Atij, sepse tek Ai do te ktheheni."

(El-Ankebut: 16-17)

Njerëzit e Urit vendosën që t'i japin Ibrahimit dënimin më të ashpër që mund të gjenin: ta digjnin deri në vdekje. Në ditën e caktuar, të gjithë njerëzit si edhe mbreti i qytetit Ur u grumbulluan në qendër të qytetit.
Pastaj e vendosën Ibrahimin brenda një ndërtese të mbushur me dru. Pas kësaj drunjve iu vu zjarri. Së shpejti u përhap aq shumë zjarri, saqë njerzit filluan të zprapsen nga flaka. Mirëpo Allahu tha:

"O zjarr, bëhu i ftohtë dhe shpëtim për Ibrahimin!"

(El-Enbija: 69)

Njerëzit pritën derisa përfundimisht u shua, pastaj e panë Ibrahimin, që rrinte sikur të mos kishte ndodhura asgje! Në atë çast u hutuan plotëisht. Sido që të jetë, ata nuk mund të lëviznin nga mrekullia që ndodhi para syve të tyre. Ibrahimi akoma mundohej ta bindte të atin e tij të dashur, i cili quhej Azer, që të mos i adhurojë idhujt e verbër, memecë e të pafuqishëm. Ibrahimi ia shpjegoi njohurinë e posaçme që i kishte ardhur dhe e luti të atin:

"O babi im, mua më është dhënë nga dituria çka ty nuk të është dhënë, andaj më dëgjo se unë të udhëzoj në rrugë të drejtë. O babai im, mos adhuro djallin."

(Merjem: 44)

Mirëpo Azeri nuk dëgjonte. Ai iu kërcënua të birit se do ta qëllojë me gurë nëqoftëse akoma vazhdon t'i refuzojë zotat e Urit. Ai e urdhëroi Ibrahimin që ta braktisë qytetin duke thënë:

"... ndaj largohu prej meje për një kohë të gjatë."

(Merjem: 46)

"Ibrahimi tha: "Qofsh i lirë prej meje! Unë do ta lus Zotin tim për të të falur ty, pse ai (babai) ishte i kujdesshëm ndaj meje."

(Mejrem: 47)

Merreni me mend se sa vështirë e ka pasur ai që ta lëshojë shtëpinë e vet, familjen e vet dhe çdo gjë që kishte, dhe të arratisej drejt së panjohurës. Por nga ana tjetër, si mund të mbetej në mesin e njerëzve që nuk besonin në Allahun por adhuronin idhujt? Ibrahimi çdo herë e kishte atë ndjenjë se Allahu kujdesej për të, dhe gjatë tërë udhëtimit e ndjente Allahun pranë tij. Më në fund, pas një rruge të gjatë, arriti në një vend pranë detit Mesdhe, jo fort larg Egjiptit. Atje U martua me një grua bujare, që quhej Sara dhe u vendosën në tokën e Palestinës.

Edhe pse disa vjet martesë, Ibrahimi dhe e shoqja e tij, nuk patën fëmijë. Me shpresë që të kenë fëmijë dhe në pajtim me traditën, Sara i sugjeroi Ibrahimit që të martohet me Haxheren, rrobaqepësen e saj egjiptianse. Pasi u realizua kjo, Haxherja lindi një djalë që e quajtën Ismail.

Pas një kohe, Allahu i premtoi Ibrahimit edhe një djalë tjeter, mirëpo kësaj rradhe nëna e fëmijës ishte gruaja e parë Sara. Djali i dytë u quajt Is'hak. Gjithashtu, Allahu i tha Ibrahimit se nga dy bijtë e tij - Ismaili dhe Is'haku —

do të krijohen dy popuj e tri fe, dhe për këtë shkak ai do të duhej ta marrë Haxheren dhe Ismailin dhe t'i çojë larg Palestinës në një tokë të re.

Këto ngjarje ishin pjesë e rëndësishme e planit të Allahut, sepse pasardhësit e Ismailit do të krijonin një popull, nga i cili do të dalë i dërguari i madh që do t'i udhëheqë njerëzit drejt rrugës së Allahut. Ky ishte Muhamedi (s.a.v.), i Dërguari i Allahut. Nga pasardhësit e Is'hakut, fëmijës së Sarës, do të vijnë Musai dhe Isai.

Kështu Ibrahimi, Haxhereja dhe Ismaili e lëshuan Palestinën. Ata udhëtuan shumë ditë, derisa më në fund arritën në luginën e thatë të Bekës (më vonë të qujtur Meka), e cila gjendej në njërën nga rrugët e karvanëve të mëdhenj. Në luginë nuk kishte ujë, dhe megjithëse Haxhereja dhe Ismaili kishin vetëm pak ujë, Ibrahimi i la aty që Allahu të kujdesej për ta.

Së shpejti, i tërë uji u harxhua. Nga etja që kishte, fëmija rritej ngadalë dhe ishte i dobët. Në afërsi kishte dy kodra; njëra quhej Safa kurse tjetra Merua. Haxherja hipi në njërën prej tyre me shpresë se ndoshta do të gjejë ujë, por nuk gjeti asgjë. Pastaj shkoi në kodrën tjetër dhe bëri të njëjtën gjë. Ajo e bëri këtë shtatë herë. E pikëlluar u kthye tek i biri, dhe për çudi vërejti se në tokën rreth tij gurgullonte uji i burimit. Ky burim, rreth të cilit u vendosën nëna dhe i biri, më vonë u quajt Zemzem. Vendi rreth tij u bë vendpushim për karvanët që udhëtonin nëpër shkretëtirë, dhe me kohë u rrit në një qytet të njohur tregtar të quajtur Meka. Kohe pas kohe, Ibrahimi vinte nga Palestina që të vizitojë familjen e tij dhe të shohë se si rritej Ismaili dhe bëhej një i ri i fuqishëm. Gjatë njërës prej këtyre vizitave Allahu i urdhëroi që ta rindërtojë Qaben - vendin e parë ku njerëzit e kanë adhuruar Allahun xh.sh. Atyre saktësisht u ishte thënë se si dhe ku ta ndërtojnë atë. Ajo do të duhej të ngrihej pranë burimit të Zemzemit dhe të ndërtohej në formë kubi.

Në skajin lindor të saj do të vendosej një gur i zi, që kishte rënë nga qielli.

Nga kodra e afërt Ebu Kubejs gurin ua solli një melek (ëngjëll).

Ibrahimi dhe Ismaili punuan shumë që ta rindërtojnë Qaben dhe tërë kohën i luteshin Allahut që nga pasardhësit e tyre të dalë një i dërguar.

"Edhe kur Ibrahimi dhe Ismaili, duke i ngritur themelet e shtëpisë (Qabes) luteshin: "Zoti ynë, pranoje prej nesh, se me të vërtetë Ti je që dëgjon dhe di! Zoti ynë, bëna ne të dyve besimtarë të sinqertë ndaj Teje dhe nga pasardhësit tanë njerëz të bindur ndaj Teje, na i mëso rregullat e ibadetit (adhurimit) tonë dhe falna ne, vërtetë Ti je që fal shumë, je Mëshirues! Zoti ynë, dërgo ndër ta, nga gjiri i tyre të dërguar

që t'u lexojë atyre ajetet e Tua, t'u mësojë atyre librin dhe urtësinë, e t'i pastrojë (prej ndyrësisë së idhujtarisë) ata. S'ka dyshim se Ti je Ngadhnjyesi, i Dituri."

(El-Bekare: 127-129)

Kur Qabeja u kompletua, Allahu e urdhëroi Ibrahimin që ta ftojë njerëzimin për haxh në Shtëpinë e Tij të Shenjtë. Ibrahimi pyetej se në ç'mênyrë të gjithë do të dëgjonin thirrjen e tij. Allahu i tha: "Ti thirri, kurse Unë do t'i sjell ata." Kështu filloi Haxhi në Qaben e Mekës, kështu që haxhi i sotëm i muslimanëve është vazhdim i ftesës së lashtë të Ibrahimit.

FËMIJËT E ISMAILIT

Gjatë shumë viteve edhe fëmijët e Ismailit patën fëmijë të tyre. Pasardhësit e tij u shtuan dhe formuan fise të shpërndara nëpër tërë Arabinë. Njëri nga këto fise ishte ai i Kurejshëve. Këta njerëz asnjëherë nuk u larguan nga Meka dhe çdo herë jetonin pranë Qabes.

Njëra nga detyrat e udhëheqësit të kurejshëve ishte që të kujdeset për ata që vijnë në Qabe për të bërë haxhin. Haxhilerët mund të vinin nga tërë Arabia, ndërsa sigurimi i tyre me ushqim dhe ujë paraqiste një nder të madh. Me kalimin e kohës arabët e ndërprenë adhurimin e drejtpërdrejtë të Allahut, dhe nga vendet e ndryshme nga të cilat vinin, prapë filluan t'i sjellin idhujt e tyre. Këta idhuj ishin të vendosur në Qabe, e cila nuk konsiderohej më si shenjtore, që kishte qenë edhe vetë qëllimi i Ibrahimit. Sidoqoftë, arabët akoma e respektonin atë. Gjatë kësaj kohe burimi i Zemzemit u zhduk nëpër rërë.

Në këtë kohë Kuseji, njëri nga udhëheqësit e kurejshëve u bë sundues i Mekës. Ai mbante çelësat e faltores dhe kishte të drejtën që t'u japë ujë haxhilerëve, t'i ushqejë ata, të kryesojë me mbledhjet dhe t'i shpërndajë flamujt e luftës para fillimit të betejës. Në shtëpinë e tyre vendosej edhe për çështjet e kurejshëve.

Pas vdekjes së Kusejit, udhëheqjen e kurejshëve e mori i biri Abdulmenafit, i cili ishte bërë i njohur gjatë jetës së të atit. Pas tij erdhi i biri, Hashimi. Thuhej se Hashimi ishte i pari i cili filloi dy udhëtimet e para me karvanë të kurejshëve atë të verës drejt Sirisë dhe veriut dhe atë të dimrit drejt Jemenit dhe jugut. Si pasojë e kësaj, Meka u zgjerua, u pasurua dhe u shndërrua si qendër e madhe tregtare.

Një verë Hashimi shkoi në veri për të blerë mallra dhe për t'i shitur në Jemen. Gjate rruges ai u ndal në Jethrib që të bëjë tregti dhe në tregun e atjeshëm pa një grua shumë të bukur. Ajo ishte Selma e bija e Amr ibn Zejdit, i cili e kishte prejardhjen nga një familje shumë e ndershme. Hashimi i propozoi asaj që të martohen gjë që u bë sepse ai ishte një njeri i ndershëm dhe i shquar. Pas një kohe Selma lindi një djalë të bukur të cilit për flokët e bardha që kishte ia vunë emrin Shejbe që në arabishte do të thotë "flokëthinjur".

Përderisa Hashimi u kthye në Mekë për shkak të klimës më të freskët dhe më të shëndetshme të Jethribit nëna dhe i biri mbetën aty. Mirëpo sa herë që karvani i tij udhëtonte për në veri ai kthehej tek ata që t'i vizitojë. Gjatë një udhëtimi të këtillë Hashimi u sëmur dhe vdiq. Shejbe një djalosh i pashëm dhe inteligjent u rrit në shtëpinë e xhaxhait të tij në Jethrib. Ai mburrej që ishte i biri i Hashim ibn Abdulmenafit kryetarit të kurejshëve ruajtësit të Qabes dhe mbrojtësit të haxhilerëve edhe pse asnjëherë nuk e kishte njohur të atin që kishte vdekur sepse Shejbe kishte qenë i ri.

Me vdekjen e Hashimit detyrat dhe përgjegjësitë e tij i mori i vëllai ElMuttalibi. Ai udhëtoi deri në Jethrib që ta shohë të nipin Shejben dhe vendosi që kur të vinte dita që ky djalë të trashëgonte të atin do të ishte pikërisht koha që ai duhej të vinte të jetonte në Mekë.

Për Selmën nënën e Shejbes ishte shumë e vështirë që ta lejonte të birin të shkojë me xhaxhanë e tij mirëpo më në fund u bind se kjo është më mirë për të. El-Muttalibi u kthye në Mekë duke hyrë në qytet në kohën e mesditës hipur mbi deve me Shejben pas tij.

Kur njerëzit e Mekës e panë djalin menduan se është rob dhe e quajtën Abdulmuttalib; fjala "Abd" në arabishte do të thotë "rob". El-Muttalibi u tha atyre se Shejbe nuk është rob por është nipi i tij i cili ka ardhur që të jetojë me ta. Sidoqoftë nga kjo ditë me dashuri quhej Abdulmuttalib.

Pas vdekjes se El-Muttalibit i cili vdiq në Jemen ku kishte shkuar për tregti vendin e tij e zuri Abdulmuttalibi. Ai u bë anëtari më i nderuar i familjes i dashur dhe i respektuar nga të gjithë. Sido që të jetë, ai është njëri nga ata arabë që ishin dhënë pas mësimeve të Ibrahimit.

PREMTIMI NË ZEMZEM

Kur Arabët i vendosën idhujt e tyre në Qabe, burimi i Zemzemit u zhduk dhe u tret nën rërë. Kështu, vite me rradhë, njerëzit e kurejshëve ishin të detyruar që të bartnin ujë prej së largu. Një ditë, duke bërë kështu, Abdulmutalibi u lodh shumë dhe e zuri gjumi pranê Qabes. Ai pa një ëndërr ku iu tha që përsëri ta rrëmihë Zemzemin. Kur u zgjua, ishte i hutuar, sepse nuk e dinte se ç'është Zemzemi, sepse ky burim ishte zhdukur shumë vjet para lindjes së tij. Ditën tjetër pa të njëjtën ëndërr, por këtë herë atij iu tregua vendi se ku gjendej Zemzemi.

Në atë kohë Abdulmuttalibi kishte një djalë dhe së bashku filluan të rrëmihin. Puna ishte aq e rëndë, saqë Abdulmuttalibi iu betua Allahut se, në qoftë se një ditë do të ketë dhjetë djem që do t'i ndihmojnë dhe t'i ketë prane tij atëherë njërin prej tyre do ta flijojë për hir të Allahut. Pas punës triditëshe ata më në fund e gjetën burimin e Zemzemit. Që atëherë haxhilerët prej atij burimi pijnë ujë.

Vitet kalonin dhe Abdulmuttalibit i lindën dhjetë djem. Ata u rritën e u bënë djem të mirë e të fuqishëm e kështu erdhi koha që edhe ai ta mbajë premtimin që ia kishte dhënë Allahut. Ai u tregoi bijve për premtimin e dhënë e ndërkaq ata ranë dakort që njëri prej tyre të flijohej. Që të shihnin se cili do të jetë ata vendosën të hedhin short që ishte zakon i kurejshëve kur vendosnin për çështje me rëndësi. Abdulmuttalibi i tha çdonjërit prej djemve që të marrin nga një shigjetë dhe në të të shkruajnë emrin e vet e pastaj t'ia sjellin atij. Pasi e bënë këtë i mori dhe i çoi në Qabe ku ishte një njeri detyra e posaçme e të cilit ishte që t'i vlerësojë shigjetat dhe të zgjedhë njërën prej tyre. Ky njeri me nderim të madh pranoi ta bëjë këtë. Në shigjetën që zgjodhi ishte shkruar emri i Abdullahut, djalit më të ri dhe më të dashur të Abdulmuttalibit. Atëherë i ati e mori të birin afër Qabes dhe u përgatit që ta flijojë atë.

Shumica e udhëheqësve kurejshë, që u gjendën aty u zemëruan shumë, ngase Abdullahu ishte shumë i ri dhe shumë i dashur nga të gjithë. Ata u përpoqën të gjejnë zgjidhje, se në ç'mënyrë t'ia shpëtojnë jetën. Dikush sugjeroi se do të duhej të kërkohet edhe mendimi i një gruaje plakë e të urtë, që jetonte në Jethrib, andaj Abdulmuttalibi e mori të birin dhe shkuan të shohin se si do të jetë gjykimi i plakës. Disa nga banorët e Mekës shkuan me ta dhe posa arritën atje, gruaja pyeti: "Cili është çmimi i jetës së njeriut?"

Ata i thanë: "Dhjetë deve" sepse aso kohe, kur dikush vriste dikë, atëherë familja e dorasit i jepte dhjetë deve familjes së të vrarit, vetëm me qëllim që të ruanin paqen në mes tyre. Kështu, gruaja u tha atyre që të kthehen në Mekë dhe të hedhin short ndërmjet Abdullahut dhe dhjetë deveve. Nëse shorti binte mbi devetë, atëherë ato do të vriteshin dhe mishi i tyre do t'u jepej të varfërve. Në qoftë se zgjidhej Abdullahu, atëherë numrit të deveve do të duhej t'i shtohen edhe dhjetë të tjera dhe kështu shorti vazhdimisht të përsëritej derisa më në fund të bie mbi devetë.

Abdulmuttalibi u kthye në Qabe bashkë me të birin dhe me njerëzit e Mekës. Pastaj filluan të hedhin short ndërmjet Abdullahut dhe deveve, duke filluar me dhjetë deve. Abdulmuttalibi iu lut Allahut që t'ia kursejë te birin ndërkaq të tjerët pritnin rezultatin në heshtje. Shorti ra mbi Abdullahun, kështu që i ati i shtoi edhe dhjetë deve të tjera. Përsëri shorti ra mbi Abdullahun, kështu që ata e përsëritën këtë gjë shumë herë, vazhdimisht duke shtuar nga dhjetë deve. Vetëm kur numri i tyre arriti në njëqind, shorti ra mbi devetë. Abdullahu shpëtoi dhe çdonjëri ishte shumë i gëzuar. Mirëpo, Abdulmuttalibi prapësëprapë dëshironte që të sigurohej se ky është rezultat i drejtë, prandaj e përsëriti shortin edhe tri herë dhe çdo here ai binte mbi devetë. Pastaj falenderoi Allahun që ia shpëtoi jetën Abdullahut. Devetë u sakrifikuan dhe pati mjaft ushqim për tërë qytetin, madje edhe për kafshët dhe shpendët. Abdullahu u rrit dhe u bë një i ri i pashëm, kur i ati i zgjodhi për grua Aminen, të bijën e Uehbit. Ishte ky një takim i mirë, sepse ajo ishte më e mira nga vajzat e kurejshëve ndërkaq Abdullahu ishte më i miri nga të gjithë djemtë. Ai kaloi disa muaj me të mirëpo me vonë u detyrua ta lerë, dhe me njërin nga karvanet e tregtarëve të tregtojë me Sirinë. Duke u kthyer prej Sirie për në Mekë, Abdullahu u sëmur dhe u ndal në Jethrib me qëllim që të shërohej. Karvani e vazhdoi rrugën, pa pjesmarrjen e tij dhe arriti në Mekë. Me të dëgjuar për sëmundjen e të birit, Abdulmuttalibi dërgoi djalin tjetër el Harithin që ta sjellë Abdullahun në Mekë mirëpo tani ishte tepër vonë. Kur arriti ai në Jethrib Abdullahu kishte vdekur. Amineja mbeti me zemër të thyer për humbjen e burrit të saj dhe të babait të fëmijës që së shpejti duhej të lindte. Vetëm Allahu e dinte se ky fëmijë jetim një ditë do të bëhej i Dërguari i madh.

ELEFANTI REFUZON TË LËVIZË

Ebrehe, i cili kishte ardhur nga Abisinia - një vend në Afrikë – e pushtoi Jemenin dhe atje u bë zëvendës i udhëheqësit. Më vonë vërejti se, në një kohë të caktuar të vitit një numër i madh njerëzish udhëtonin nëpër tërë Jemenin dhe Arabinë deri në Mekë. Ai pyeti për arsyen e kësaj lëvizjeje dhe i thanë se ata shkojnë për haxh në Qabe.

Ebrehe e urrente idenë që Meka të jetë më e rëndësishme se vend i tij, prandaj vendosi që të ndërtojë një kishë mermeri me ngjyra, me dyer të arta dhe me zbukurime të argjenda dhe njerëzit i urdhëroi që në vend të Qabes të vizitojnë atë. Mirëpo askush nuk iu nënshtrua këtij urdhëri.

Ebrehe u zemërua dhe vendosi që ta shkatërrojë Qaben. Ai përgatiti një ushtri të madhe të udhëhequr nga elefantët dhe e dërgoi drejt Mekës. Kur banorët e Mekës dëgjuan se ai po vjen, u frikësuan pa masë. Ushtria e Ebrehesë ishte shumë e madhe dhe nuk mund të luftonin me të. Mirëpo si ta lejonin atë që të shkatërrojë Qaben?

Ata shkuan tek udhëheqësi i tyre Abdulmuttalibi që ta lusin për këshillë. Kur Ebrehe arriti para Mekes Abdulmuttalibi shkoi që të takohej me të. Ebrehe e pyeti, "Ç'dëshiron?" Ai kishte marrë devetë e Abdulmuttalibit të cilat i kishte gjetur duke kullotur në hyrje të Mekës kështu që Abdulmuttalibi iu përgjigj: "Dua të m'i kthesh përsëri devetë e mia." Ebrehe u befasua shumë dhe i tha: "Unë kam ardhur që të shkatërroj Qaben tuaj të Shenjtë vendin e shenjtë të etërve tuaj kurse ti më lut për disa deve?" Abdulmuttalibi iu përgjigj vendosmërisht: "Devetë më takojnë mua. Qabeja i takon Allahut dhe Ai do ta mbrojë atë." Pastaj e la Ebrehenë, u kthye te kurejshët dhe i urdhëroi ata që ta lënë Mekën dhe t'i presin armiqtë e tyre lart në male.

Në mëngjes Ebrehe u përgatit të hyjë në qytet. Ai i vuri parzmoret mbi elefantin e tij dhe i hodhi trupat në luftë. Qëllimin e kishte të shkatërrojë Qaben e pastaj të kthehet në Jemen. Mirëpo në atë cast elefanti, përkundër përpjekjeve që bënin ushtarët për ta vënë në lëvizje, ra në gjunjë dhe refuzoi të ngrihej. Por, kur ata ia drejtuan fytyrën nga Jemeni elefanti menjëherë u ngrit dhe u nis. Në të vërtetë, ai bënte të njëjtën gjë për cilëndo kahje, mirëpo sa herë që e kthenin në drejtim të Mekës, ai përsëri gjunjëzohej.

Papritmas, një tufë shpendësh erdhi nga deti. Secili shpend mbante nga tre gurë në madhësi të groshës dhe i hodhi mbi ushtrinë e Ebrehesë. Ushtarët papritmas e ndjenë veten të sëmurë. Madje edhe Ebreheja ishte qëlluar nga gurët, dhe i frikësuar, bashkë me ushtrinë e tij, ua mbathi këmbëve për në Jemen ku më vonë vdiq.

Duke i parë armiqtë e tyre që iknin me të katra, arabët që ishin në male zbritën në Qabe dhe falenderuan Allahun.

Pas kësaj, kurejshët fituan nder të madh dhe u bënë të njohur si popull i Allahut", ndërsa viti në të cilën ndodhën këto ngjarje, 570 e.r. u quajt "Viti i Elefantit". Në atë vit Allahu e shpëtoi Qaben dhe së shpejti nga rradhët e kurejshëve do të sillte një të Dërguar.

Në emër të Allahut të Gjithëmëshirshmit, Mëshirëplotit!

"A nuk e ke parë se ç'bëri Zoti yt me pronarët e elefantit? A nuk ua bëri përpjekjen atyre të dështuar? Dhe Ai kundër tyre lëshoi shpendë që vinin tufë-tufë! Dhe i gjuanin ata me gurë nga balta e gurëzuar! Dhe ata i bëri si gjeth i grimcuar (i përtypur)!"

(El-Fil: 1-5)

LINDJA E TË DËRGUARIT (S.A.V)

Një ditë duke udhëtuar për në veri, një nga fiset arabe të Mekës në shkretëtirë takoi një murg (eremit). Disa nga njerëzit u ndalën që të flasin me të. Murgjit njiheshin si njerëz të mençur e të urtë dhe arabët shpesh i pyetnin për këshilla.

Murgu i pyeti prej nga vijnë. Kur ata iu përgjigjën se janë nga Meka, ai u tha se Allahu së shpejti do t'u dërgojë një të Dërguar, i cili do të rridhte nga njerëzit e tyre. Ata e pyetën për emrin e këtij të Dërguari, ndërsa murgu u përgjigj se emri i tij do të jetë Muhamed dhe se ai do t'i udhëheqë ata drejt një rruge të re të jetës.

Ndërkohë në Mekë, Amineja dukshëm e pikëlluar për humbjen e të shoqit sa vinte e ndihej gjithnjë e më mirë e më e shëndoshë duke pritur lindjen e foshnjës së saj. Gjatë kësaj kohe ajo ëndërroi shumë gjëra. Në një rast pa se si një dritë e madhe dilte nga ajo.

Ndërsa herën tjetër dëgjoi një zë, që i thoshte se ajo do të kishte një djalë dhe emri i tij do të ishte Muhamed. Ajo kurrë nuk e haroi atë zë, mirëpo askujt nuk i tregoi për këtë.

Të hënën, ditën e dymbëdhjetë të Rebi-ul Euuelit të Vitit të Elefantit, Amineja lindi djalë. Allahu i dërgoi njerëzve shumë shenja kur lindi njëri nga të Dërguarit e Tij të zgjedhur. Edhe në atë ditë të dymbedhjetë të Rebi-ul Euuelit në vitin 570 e.r. ishin vërejtur shumë shenja të tilla. Disa ishin vërejtur nga dijetarët hebraikë, të cilët nëpër librat e tyre kishin lexuar për ardhjen e të Dërguarit. Për shembull njëri nga këta njerëz të mësuar në Jethrib vërejti një yll të bukur e të shkëlqyeshëm, që nuk e kishte parë kurrë më parë, ndërkohë që studionte natën qiellin. Ai i ftoi njerëzit rreth tij dhe duke u rrëfyer për yllin, u tha se sigurisht ka lindur një i Dërguar.

Në të njëjtën natë, një tjetër hebre ishte duke kaluar pranë vendbanimit të udhëheqësve kurejshë në Mekë. Ai pyeti se mos vallë në atë çast kishte lindur ndonjë djalë dhe nëse kjo është e vërtetë, atëherë ky do të jetë i Dërguari i kombit arab.

Lajmet për lindjen e djalit, Amineja ia dërgoi Abdulmuttalibit, i cili në atë kohë ishte ulur në afërsi të Qabes. Ai u gëzua shumë dhe menjëherë filloi të mendojë për emrin e djalit. Një emër i rëndomtë nuk do t'i përgjigjej. Shkuan ditë të tëra dhe ai akoma nuk kishte vendosur. Mirëpo ditën e shtatë pasi ishte shtrirë pranë Qabes dhe e kishte zënë gjumi Abdulmuttalibi ëndërroi se fëmijës do të duhej t'i jepej emri i pazakonshëm Muhamed, pikërisht ashtu *siç* kishte ëndërruar edhe Amineja vetë. Dhe kështu fëmija u quajt Muhamed (s.a.v.), që do të thotë "I Lavdëruari".

Kur Abdulmuttalibi u tregoi udhëheqësve të kurejshëve se ç'emër i dha nipit të vet, shumë prej tyre e pyetën: "Përse nuk zgjodhe një lloj emri që përdoret nga njerëzit tanë?"

Ai menjëherë u përgjigj: "Unë dua që ai të jetë i lavdëruar nga Allahu në qiejt dhe i lavduar nga njerëzit në tokë."

KOHA ME HALIMENË

Si shumica e grave të Mekës, edhe Amineja, gjithashtu, vendosi që i biri, vitet e hershme t'i kalojë jashtë qytetit, në shkretëtirë, atje ku do të ishte më i shëndoshë. Gratë e Mekës e kishin bërë shprehi që t'i marrin foshnjet e porsalindura dhe të kujdesen për to, derisa ato të rriteshin e të bëheshin djem të fortë e të shëndoshë për të cilën gjë paguheshin mirë nga prindërit e tyre.

Në mesin e grave, të cilat udhëtonin në Mekë për të marrë fëmijë, në kohën kur ishte lindur i biri i Aminesë, qe edhe një grua beduine e njohur me emrin Halime. Me të gjendeshin i shoqi dhe foshnja e saj. Ata gjithmone kishin qenë të varfër, mirëpo këtë vit skamja kishte qenë më e rëndë se kurdoherë. Gomari, që gjatë udhëtimit barte Halimenë, ishte dobësuar aq shumë nga uria, saqë shpesh pengohej.

Fëmija e Halimesë gjatë tërë kohës qante, sepse e ëma nuk mund ta ushqente me rregull. Madje edhe deveja që kishin nuk u jepte asnjë pikë qumështi. Halimeja nuk dinte se ç'të bënte. Ajo mendoi me vete:"Si do ta ushqej edhe një fëmijë tjetër, kur unë nuk kam qumësht të mjaftueshëm as për birin tim?"

Më në fund arritën në Mekë. Të gjitha gratë e fisit të Beni Sa'dëve, të cilat edhe Halimeja i takonte, gjetën nga një fëmijë që ta marrin prapë, kurse Halimeja jo. Fëmija i vetem që kishte mbetur ishte Muhamedi (s.a.v.). Rëndom këto mëndesha i pagonte babai, mirëpo i ati i Muhamedit kishte vdekur. Kështu, edhe pse i takonte familjes bujare të kurejshëve atë askush nuk donte ta merrte. As Halimeja nuk dëshironte ta merrte mirëpo nuk desh të ishte e vetmja nga gratë e fisit të vet, e cila do të kthehej pa fëmijë.

Ajo e pyeti burrin e vet se a mund ta merrte Muhamedin (s.a.v.) apo jo. Ai e këshilloi që ta bëje këtë, dhe shtoi: "Ndoshta për këtë Allahu do të na bekojë." Ata u nisën të kthehen prapë, dhe kur Halimeja filloi ta ushqejë Muhamedin (s.a.v.) asaj papritmas iu shtua qumështi saqë tani mjaftonte si për të atê edhe për foshnjën e saj. Kur u kthyen në shtëpi çdo gjë filloi të ndërrohet.

Toka u gjelbërua kurse hurmat që ishin ndër burimet kryesore të ushqimit dhanë shumë fryte. Madje edhe delet e deveja e tyre plakë filluan të japin gjithnjë e më shumë qumësht. Halimeja dhe i shoqi i saj e dinin se ky fat i mire erdhi ngaqê ata e kishin fëmijën e vogël, Muhamedin (s.a.v.) të cilin e donin sikur ta kishin birin e tyre.

Kur Muhamedi (s.a.v.) ishte dy vjeçar, Halimeja e ktheu prapë tek e ëma e tij. Ajo iu drejtua Aminesë që ta lejojë ta mbajë edhe më gjatë dhe për habi të madhe të saj e ëma ra dakord.

Gjatë kohës të cilën e kaloi në shkretëtirë me familjen e Halimesë, Muhamedi (s.a.v.) luante me fëmijët e saj dhe së bashku i kullosnin delet. Ndërkaq kishte edhe raste kur Halimeja shpesh e gjente atë kur rrinte ulur dhe i vetmuar. Thuhet se me një rast, te Muhamedi (s.a.v.) erdhën dy melekë dhe ia shpëlanë zemrën me borë. Në këtë mënyrë Allahu ia bëri zemrën të pastër sepse Ai kishte për qëllim që Muhamedi (s.a.v.) të ishte më i madhi nga të gjithë njerëzit dhe të behej më i Larti i të Dërguarve.

Në emër të Allahut, të Gjithëmëshirshmit Mëshirëplotit!

"A nuk ta hapëm Ne krahërorin tënd? Dhe Ne hoqëm prej teje barrën tënde, e cila shtypte shpinën tënde. Dhe Ne, ta ngritëm lart famën tënde? E, pa dyshim se pas vështirësisë është lehtësimi. Vërtet, pas vështirësisë vjen lehtësimi. E kur ta kryesh (obligimin), atëbotë mundohu me adhurimin (Allahut). Dhe vetëm te Zoti yt përqëndro synimin!"

(El-Inshirah: l-8)

Kur më në fund Halimeja iaktheu prapë Aminesë Muhamedin (s.a.v.), ai ishte bërë një djalë i shëndoshë e i fuqishëm. Ai me një kënaqësi të madhe do ta kujtonte kohën e kaluar me Halimenë dhe çdo herë do ta konsideronte veten si njërin prej Beni Sa'dëve.

FËMIJËRIA JETIME

Në moshën trevjeçare Muhamedi (s.a.v.) u kthye në Mekë që të jetojë me të emën. Tre vjet më vonë Amineja vendosi që ta marrë të birin që të vizitojë dajat e tij në Jethrib. Ajo i tha shërbëtores së vet, Berekesë që të përgatisë çdo gjë të nevojshme për një udhëtim të gjatë e pastaj iu bashkangjit njërit prej karvaneve që ishin nisur për atje.

Ata qëndruan në Jethrib afër një muaj ndërsa Muhamedi (s.a.v.) u gëzua shumë që i vizitoi kushërinjtë. Atje klima ishte shumë e përshtatshme, kurse ai u mësua të notojë dhe t'i fluturojë fluturaket. Mirëpo, duke u kthyer prapë në Mekë Amineja sëmuret dhe vdes.

Ajo varroset në fshatin el Ebue, jo fort larg Jethribit. I pikëlluar, Muhamedi (s.a.v.) së bashku me shërbëtoren e së ëmës kthehet në Mekë. Tani ai ishte vetëm gjashtë vjeç dhe kishte humbur të dy prindërit. Atë pastaj e mori gjyshi i tij Abdulmuttalibi, i cili e donte shumë ndaj çdo herë e përkrahte.

Abdulmuttalibi e kishte zakon që të rrinte pranë Qabes i ulur mbi një batanije. Atje çdoherë ishte i rrethuar nga njerëz që vinin për të biseduar me të. Askush nuk e kishte të lejueshme që të ulej në batanije pranë tij përveç nipit te vet Muhamedit (s.a.v.) që tregon se sa të afërt ishin ata ndërmjet tyre. Shpesh herë mund të dëgjohej Abdulmuttalibi duke thënë: "Ky djalë, një ditë do të bëhet shumë i rëndësishëm."

Pas dy vjetësh Abdulmuttalibi u sëmur ndërkaq Muhamedi (s.a.v.) tërë kohën qëndroi pranë tij. Abdulmuttalibi i tha të birit Ebu Talibit që pas vdekjes së tij të kujdeset për Muhamedin (s.a.v.) gjë të cilën ai e bëri. Ebu Talibi kishte shumë fëmijë mirëpo Muhamedi (s.a.v.) menjëherë u bë pjesë e familjes së tij dhe fëmija më i dashur.

Erdhi koha që kurejshët të përgatisin karvanin e tyre për të shkuar në Siri. Me të shkonte edhe Ebu Talibi, i cili me vete mori edhe Muhamedin (s.a.v.). Ky qe udhetimi i parë i Muhamedit (s.a.v.) për në veri. Pas disa ditësh udhëtimi, karvani arriti deri në një vend afër Sirisë, i njohur për nga tregtia që romakët bënin me arabët. Afër këtij tregu jetonte një murg i quajtur Behira. Qelia e tij ishte shfrytëzuar nga gjeneratat e murgjve para tij dhe përmbante shumë dorëshkrime të lashta.

Behira e pa karvanin nga larg dhe u habit kur pa se mbi të qëndronte një re e bardhë. Ajo ishte reja e vetme në qiellin e kthjellët e të kaltër dhe ishte paraqitur me qëllim që udhëtarëve t'u bënte hije.

Murgu edhe më tepër u befasua kur vërejti se reja që ndiqte karvanin, çdo herë zhdukej kur njeriu, të cilit ajo i bënte hije, ulej nën hijen e ndonjë druri. Nga shkrimet e vjetra, Behira e dinte se pas Isait a.s., pritej të vinte një i dërguar dhe dëshira e tij ishte që ta shohë këtë të Dërguar para se të vdesë. Kur e kuptoi se e tërë kjo qê ndodhi para pak çastesh ishte një mrekulli, ai filloi të mendojë se më në fund, dëshira e tij do të plotësohej.

Murgu i ftoi mekasit që të vijnë dhe të hanë me të. Arabët u befasuan ngaqê ata shpesh kishin kaluar pranë, mirëpo Behira nuk i kishte ftuar asnjëherë. Kur u mblodhën për të ngrënë, murgu pyeti: "A jeni të gjithë?" "Jo!" tha dikush. "Një djalë mbeti që të ruajë devetë."

Behira nguli këmbë që edhe djali të bashkohej me ta. Ai djalë ishte Muhamedi (s.a.v.). Kur arriti ai, Behira nuk tha asgjë, por gjatë tërë kohës së drekës, vetëm e shikonte. Ai vërejti shumë gjëra, të cilat cekeshin edhe në dorëshkrimet e vjetra lidhur me paraqitjen e tij. Pastaj e tërhoqi Muhamedin (s.a.v.) mënjanë dhe i bëri shumë pyetje. Së shpejti kuptoi se ç"ndien ai rreth idhujve të Qabes. Kur Behira u përpoq ta binde që të betohet mbi to, ashtu siç bënin edhe arabët e tjerë, Muhamedi (s.a.v.) i tha:" Nuk ka gjë në botë, të cilën e urrej më tepër." Ata biseduan së bashku për Allahun dhe rreth jetës dhe familjes së Muhamedit (s.a.v.).

Nga e tërë ajo që u tha, Behira u bind se ky me të vërtetë është i Dërguari që vjen pas Isait. Pastaj murgu shkoi te Ebu Talibi dhe e pyeti se ç'e kishte Muhamedin (s.a.v.). Ebu Talibi iu përgjigj se Muhamedi (s.a.v.) ishte biri i tij. Behira ia ktheu se nuk mund të jetë kështu, se fëmija është i paracaktuar të jetojë jetim, dhe pastaj e urdhëroi që ta ruajë Muhamedin (s.a.v.) dhe të kujdeset mirë për të.

Ka shumë rrëfime për rininë e Muhamedit (s.a.v.). Disa tregojnë se ai i ka marrë delet e familjes dhe i ka kullotur, dhe çdoherë ka qenë i sjellshëm me to. Ndërkohë që ato kullosnin, ai ulej duke menduar për fshehtësinë e natyrës. Për dallim nga njerëzit rreth tij, ai kurrë nuk i adhuroi idhujt dhe kurrë nuk u betua në ta. Ai gjithashtu habitej se përse njerëzit luftojnë për të holla dhe për pushtet dhe kjo e pikëllonte shumë dhe e bënte të vetmuar, mirëpo këto ndjenja ai i ruante për vete. Ai ishte një djalë i qetë dhe i thelluar në mendime, dhe rrallëherë luante me moshatarët e vet.

Njëherë, Muhamedi (s.a.v.) me disa djem të tjerë shkuan në një dasmë në Mekë. Kur arritën në shtëpi, ai dëgjoi zërin e këngës dhe të valles, mirëpo në çastin kur duhej të hyjë brenda, papritmas e ndjeu veten të lodhur dhe ashtu të ulur e zuri gjumi. Ai nuk u zgjua deri të nesërmen në mëngjes kështu që nuk arriti t'i shohë ceremonitë. Në këtë mënyrë Allahu e parandalonte atë që të mos bëjë diçka të papëlqyeshme, sepse Ai e ruante Muhamedin (s.a.v.) për diçka shum më të rëndësishme.

MARTESA E TË DËRGUARIT (S.A.V.)

Në moshën njëzetëpesëvjeçare Muhamedi (s.a.v.) u bë i famshëm për bujarinë e tij. Ishte i respektuar nga çdokush, saqë çmohej edhe nga vetë pleqtë e Mekës. Me kalimin e viteve, rritej edhe dlirësia e natyrës së tij. Shihej se kishte një dituri të brendshme të cilën të tjerët nuk e kishin. Ai besonte në një Zot - Krijues të botës - dhe e adhuronte atë me tërë zemrën dhe shpirtin e tij. Muhamedi (s.a.v.) ishte më i miri nga të gjithë njerëzit e tij, më i sjellshmi, më i drejti dhe personi më i besuar në Mekë. Në rradhët e kurejshëve ai njihej si më "i besueshmi" - El Emin", sepse Allahu atij i kishte dhuruar cilësite më të mira. Shumë orë të qeta ai i kaloi në shpellën e malit Hira, jo fort larg Mekës duke menduar për Allahun xh.sh.

Në mesin e kurejshëve ishte një grua e ndershme dhe e pasur që quhej Hatixhe. Ajo merrej me tregti dhe me të dëgjuar për famën e Muhamedit (s.a.v.), i dërgoi lajm dhe e luti atë që t'i marrë mallrat e saj dhe të bëjë tregti më të në Siri. Muhamedi (s.a.v.) u pajtua dhe me njërin nga karvanet e Hatixhes u nis për në Siri. Me të u nis edhe robi i Hatixhes, Mejsereh, me të cilin kohën më të madhe e kalonin duke biseduar. Së shpejti Mejsereh filloi ta admirojë Muhamedin (s.a.v.). Ai mendonte se ky në tërësi dallonte nga njerëzit e tjerë të kurejshëve.

Gjatë këtij udhëtimi ndodhën dy gjëra jo të rëndomta, të cilat e hutuan shumë Mejseren. E para ndodhi kur u ndalën për të pushuar afër një shtëpie të vetmuar të një murgu. Përderisa Mejsereh ishte i zënë me punën e vet, Muhamedi (s.a.v.) u ul nën hijen e një druri. Murgu iu afrua Mejseres dhe e pyeti: "Kush është ky njeri që pushon nën këtë hije?"

"Njëri nga kurejshët, njerëzit që ruajnë Qaben", u përgjigj Mejsereh. "I uluri nën hije nuk është askush tjetër përveç të Dërguarit!", ia ktheu murgu.

Ngjarja e dytë ndodhi duke u kthyer në Mekë. Ajo ndodhi në mesditë, kur dielli ishte më i nxehtë. Mejsereh udhëtonte pas Muhamedit (s.a.v.) dhe kur dielli filloi të përcëllojë, ai vërejti dy melekë që u dukën përmbi Muhamedin dhe e mbrojtën nga rrezet e dëmshme të diellit. Tregtia ishte mjaft e suksesshme dhe Muhamedi (s.a.v.) fitoi aq shumë sa Hatixheja nuk kishte fituar kurrë më parë. Kur arritën prapë në Mekë, Mejsereh i rrëfeu Hatixhes për çdo gjë që kishte ndodhur gjatë udhëtimit dhe për atë që kishte vërejtur në karakterin dhe sjelljen e Muhamedit (s.a.v.).

Hatixheja ishte vejushe në vitet e dyzeta, dhe ashtu siç ishte e pasur dhe mjaft e nderuar, ajo gjithashtu ishte edhe shumë e bukur. Shumë njerëz dëshironin të martoheshin me të, mirëpo asaj askush nuk i përshtatej. Kur takoi Muhamedin (s.a.v.) ajo pa se ka të bëjë me një njeri të veçantë. Ajo dërgoi një mik të saj që ta pyesë Muhamedin (s.a.v.) se përse nuk ishte martuar. Muhamedi (s.a.v.) u përgjigj se nuk e ka bërë këtë sepse nuk ka pasur para, kurse miku iu pergjigj: "Po e zëmë se një zonjë e pasur, e bukur dhe e ndershme bie dakord që të martohet me ty?"

Muhamedi (s.a.v.) shfaqi dëshirën të dijë se cila mund të ishte ajo. Miku i tregoi se kjo ishte Hatixheja. Muhamedi (s.a.v.) ishte shumë i lumtur sepse ai e çmonte shumë Hatixhen. Me xhaxhallarët e tij Ebu Talibin dhe Hamzanë, ai shkoi te xhaxhai i Hatixhesë dhe e luti që të martohet më të. Xhaxhai i saj e lejoi këtë dhe së shpejti Muhamedi (s.a.v.) dhe Hatixheja u martuan.

Martesa e tyre ishte gëzimplotë dhe shumë e pëlqyeshme. Jeta e tyre e përbashkët nuk mund të thuhet se ishte pa brenga. Ata u bekuan me gjashtë fëmijë, dy djem dhe katër vajza.Fëmija i tyre i parë, djali me emrin Kasim, vdiq shpejt, pas ditëlindjes së tij të dytë, ndërkaq fëmija i fundit që gjithashtu ishte djalë, jetoi vetëm pak kohë. Për fat të mirë, katër vajzat e tyre - Zejnebja, Rukija, Ummu Kulthumi dhe Fatimeja - që të gjitha mbetën gjallë.

Disa vjet me rradhë, Muhamedi (s.a.v.) jetoi në Mekë një jetë të qetë tregtari. Nga urtësia e tij përfituan shumë njerëz. Diçka e këtillë ndodhi edhe kur kurejshët vendosën që ta rindërtojnë Qaben. Ishte ky një vendim i vështirë për ta, sepse duhej që ata në fillim ta shembnin atë, e pastaj të fillonin rindërtimin e saj, ndërkohë që njerëzit kishin frikë, sepse Allahu mund të zemërohej me ta për shkak të shembjes së faltores së Tij. Më në fund, një plak i urtë i kurejshëve vendosi që të fillojë punë e më pas të gjithë i shkuan pas.

Ata punuan derisa arritën te themeli i parë që kishte ndërtuar Ibrahimi. Posa filluan të lëvizin gurët e këtij themeli e tërë Meka filloi të dridhej. Ata u trembën aq shumë saqë vendosën që t'i lenë këta gurë ashtu siç ishin dhe filluan të ndërtojnë mbi ta.

Secili fis solli gurë dhe Qabeja u ndërtua deri në atë vend ku duhej të vendosej guri i zi. Pastaj filluan të bëjnë fjalë se kush duhej ta kishte nderin që të mbajë gurin e zi dhe ta vinte atë në vendin e tij në njërin nga skajet e Qabes. Ata për pak do të kacafyteshin kur për fat të mirë njëri prej tyre ofroi një zgjidhje. Ai sugjeroi se ata duhet të udhëhiqen nga një njeri që i pari do të hynte në vendin e adhurimit.

Të gjithë ranë dakord me këtë dhe Muhamedi (s.a.v.) ishte i pari që hyri, kurse të tjerët mbetën të kënaqur sepse atij i besonin të gjithë.

Ata i treguan atij për shkakun e mosmarrëveshjes, kurse ai u kërkoi atyre që të sjellin një mbulëse të madhe. Pasi vepruan kështu, ai e shtroi mbulesën në tokë dhe gurin e zi e vendosi në mesin e saj. Pastaj kërkoi që, një njeri prej secilit fis të kapë skajin e mbulesës dhe së bashku ta ngrenë atë deri në lartësinë, në të cilën guri i zi duhej të vendosej. Kur kjo u bë, atëherë ai mori gurin nga mbulesa dhe vetë e vuri në vendin e tij.

Ky rrëfim tregon se në ç'masë të madhe kurejshët e çmonin dhe i besonin Muhamedit (s.a.v.), dhe se në ç'mënyrë, me anën e urtësisë dhe mirësisë së tij, ai ishte në gjendje që ta ruajë paqen.

ARDHJA E ËNGJËLLIT XHIBRIL

Muhamedi (s.a.v.) besonte se ka vetëm një Allah, Krijues i diellit. i hënës, i tokës, i qiellit dhe i të gjithë gjallesave, dhe se të gjithë njerëzit duhet të adhurojnë vetëm Atë. Muhamedi (s.a.v.) shpesh e lëshonte qytetin e mbushur plot e përplot me njerëz dhe shkonte në shpellën e malit Hira. Atij i pëlqente të rrinte atje i vetëm dhe të ushqehej nga pak, larg nga të gjitha mendimet e botës dhe të jetës së përditshme.

Në moshën dyzetvjeçare Muhamedi (s.a.v.) e lëshoi Mekën me qëllim që Ramazanin, muajin e agjërimit ta kalojë në shpellë. Në gjysmën e dytë të Ramazanit, Allahu filloi që nëpërmjet Muhamedit (s.a.v.) t'ia zbulojë njerëzimit porosinë e Tij.

Shpallja e parë ndodhi si vijon: Meleku Xhibril erdhi në shpellë te Muhamedi (s.a.v.) dhe atij i urdhëroi: "Lexo!". Muhamedi (s.a.v.) u përgjigj: "Unë nuk di të lexoj". Në këtë çast meleku e mori Muhamedin (s.a.v.) në duart e veta dhe e shtrëngoi shumë. Pastaj e lëshoi atë dhe përsëri i tha: "Lexo!".

"Nuk mundem" u përgjigj Muhamedi (s.a.v.) e pas kësaj përsëri meleku e përqafoi. Për të tretën herë meleku e urdhëroi Muhamedin (s.a.v.) që të lexojë, mirëpo ai akoma thoshte se nuk mundej dhe përsëri u përqafua. Sidoqoftë, duke e lëshuar këtë herë meleku Xhibril i tha: Në emër të Allahut, të Gjithëmëshirshmit Mëshirëplotit!

"Lexo, me emrin e Zotit tënd, i cili krijoi (çdo gjë). Krijoi njeriun prej një gjaku të ngjizur (në mitrën e nënës) Lexo! Se Zoti yt është më bujari! Ai që e mësoi (njeriun) të shkruajë me penë. I mësoi njeriut atë që nuk e dinte."

(El-Alak: 1-5)

Muhamedi (s.a.v.) i përsëriti këto ajete ashtu siç i kishte thënë meleku. Kur meleku u sigurua se Muhamedi (s.a.v.) i mësoi këto përmendësh, atëherë u largua.

Tani kur mbeti vetëm, Muhamedi (s.a.v.) nuk mund të kuptonte se çfarë kishte ndodhur me të. Ai ishte i friksuar dhe menjëherë nxitoi jashtë shpellës. Ndoshta shpella ishte e magjepsur? Ndoshta shejtani kishte zënë vend në mendjen e tij?

Mirëpo, atë e ndaloi një zë i cili erdhi nga qielli dhe i tha: "O Muhamed (s.a.v.) ti je i Dërguari i Allahut dhe unë jam Xhibrili." Ai e ngriti kokën lart, nga qielli, dhe ngado që kthehej shihte melekun Xhibril.

Në gjendje të hutuar u kthye në shtëpi te Hatixheja. Kur e pa se dridhej, sikur të kishte ethe, gruaja e tij u brengos shumë. Ai e luti që ta mbulojë me batanije të cilën gjë ajo e bëri menjëherë. Pas një kohe u qetësua aq sa të tregojë se ç'i kishte ngjarë në malin Hira.

Hatixheja i besoi çdo gjë që tha dhe me një respekt të madh i tha:

"Bëhu i lumtur, o djali i xhaxhait tim dhe bëhu i besueshëm. Unë me të vërtetë betohem në Allahun, i Cili shpirtin tim ka në duart e Tij, se ti do të jesh i Dërguari i njerëzve tanë." Muhamedi (s.a.v.), i dërguari i Allahut, u rehatua prej besimit që ajo kishte në të, mirëpo pas gjithë atyre që kishin ndodhur e ndjente veten tepër të lodhur dhe menjëherë e zuri gjumi.

Hatixheja e la të Dërguarin (s.a.v.) duke fjetur dhe shkoi të takojë kushëririn e saj Uereka ibn Neufelin, me qëllim që ta pyeste se ç'mendonte rreth asaj që kishte ndodhur. Uereka ishte një njeri shumë i urtë, i cili kishte lexuar mjaft libra, ndërsa pas leximit të Ungjillit, ishte bërë edhe i krishterë. Ai i tha Hatixhesë se Muhamedi (s.a.v.) kishte qenë i zgjedhur nga Allahu që të jetë i Dërguari i tij. Ashtu sikundër edhe më parë, kur meleku Xhibril kishte ardhur te Musai dhe e kishte urdhëruar që ta udhëheqë popullin e vet, ashtu edhe Muhamedi (s.a.v.) do të bëhet Pejgamber i njerëzve të tij.

Mirëpo, Uereka paralajmëroi se të Dërguarin nuk do ta dëgjojnë të gjithë njerëzit, ndërsa disa nuk do t'i shohin me sy të mirë ithtarët e tij. Sido që të jetë, ai duhet të jetë i durueshëm, sepse ka një porosi të madhe për tërë botën.

Prej asaj dite, meleku Xhibril vinte shpesh te i Dërguari (s.a.v.) kurse ajetet që ai i thoshte porositë e Allahut drejtuar njeriut, më vonë filluan të shkruhen dhe ndër ne njihen si Kurani i Shenjtë.

MUSLIMANËT E PARË

Pas asaj dite madhështore të muajit të Ramazanit, Shpallja filloi t'i vijë të Dërguarit (s.a.v.) gjithnjë e më shpesh. Tani ai e kuptoi se ç'duhej bërë dhe u përgatit për atë që e priste. Vetëm njeriu i fortë dhe guximtar i ndihmuar nga Allahu mund të bëhet i dërguar i vërtetë sepse njerëzit shpesh refuzojnë që ta dëgjojnë porosinë e Allahut xh.sh.

Hatixheja ishte e para që i besoi të Dërguarit (s.a.v.) dhe e pranoi si të vërtetë atë që ai e solli nga Allahu. Me ndihmën e saj Allahu xh.sh. ia lehtësoi gjërat të Dërguarit (s.a.v.). Hatixheja i jepte fuqi i ndihmonte që ta përhapnin shpalljen e tij duke i qëndruar pranë edhe në rastet kur njerëzit ishin kundër tij.

Për një kohe Shpallja u ndërpre. I Dërguari (s.a.v.) ishte i shqetësuar dhe i pikëlluar duke menduar se Allahu xh.sh. e ka lënë ose ndoshta ai në një farë mënyrë e ka zemëruar Allahun, kështu që Allahu nuk e konsideron më të denjë për Shpalljen e Tij. Mirëpo meleku Xhibril përsëri erdhi tek ai dhe i solli suren, apo kaptinën e Kuranit:

Me emër të Allahut, të Gjithëmëshirshmit, Mëshirëplotit!

> *"Pafsha mëngjesin (paraditen)! Pafsha natën kur shtrin errësirën! Zoti yt as nuk të ka lënë, as nuk të ka përbuzur. Dhe se bota e ardhshme është shumë më e mirë për ty se e para. E Zoti yt do të japë ty, e ti do të kënaqesh. A nuk të gjeti ty jetim, e Ai të bëri vend (të dha përkrahje) Dhe të gjeti të paudhëzuar e Ai të mësoi. Dhe të gjeti të varfër, e Ai të begatoi. Pra, mos e përul jetimin! As lypësin mos e përze! E me të mirat që të dha Zoti yt, trego (udhëzo njerëz)!"*

(Ed-Duha: l-ll)

I Dërguari (s.a.v.) filloi t'u flasë fshehurazi për lajmin e Allahut atyre që i kishte të afërt dhe të cilëve mund t'ju besojë. Asokohe Meka kalonte nëpër vështirësi të mëdha. Ndihej mungesë e madhe e ushqimit. Xhaxhai i të Dërguarit, Ebu Talibi, i cili pas vdekjes së gjyshit ishte kujdesur për të, pa se e kishte shumë të vështirë të ushqente familjen e tij të madhe. I Dërguari (s.a.v.) i tha se ai dhe xhaxhai tjetër Abbasi, i cili ishte njeri i pasur, në vend të ndihmës së tyre, do të rrisnin nga një fëmijë të Ebu Talibit. I Dërguari (s.a.v.) mori Aliun, ndërsa xhaxhai i tij mori Xhaferin.

Një ditë, ndërkohë që i Dërguari (s.a.v.) ishte jashtë qytetit, iu paraqit meleku Xhibril. Meleku i ra me këmbë njërës anë të kodrës dhe prej aty filloi të burojë ujë. Pastaj ai filloi të lahet në ujin e rrjedhshëm, me qëllim që t'i tregojë të Dërguarit (s.a.v.) ritualin e abdesit që bëhet përpara faljes. Pastaj meleku i tregoi atij të gjitha lëvizjet e faljes së muslimanëve - lëvizjet e ndryshme dhe gjërat që thuhen në çdonjërën prej tyre.

Kur u kthye në shtëpi, të gjitha këto, i Dërguari (s.a.v.) ia tregoi Hatixhesë e më pas edhe ithtarëve të vet.

Prej atëherë, muslimanët gjithmonë pastrohen para faljes duke bërë ritualin e adestit dhe i ndjekin lëvizjet dhe lutjet e njëjta, të cilat në fillim i kishte bërë i Dërguari (s.a.v.).

Në fillim, këto gjëra i dinin vetëm i Dërguari (s.a.v.) dhe e shoqja e tij. Mirëpo një ditë, Aliu hyri në dhomë dhe e gjeti të Dërguarin (s.a.v.) me Hatixhene duke u falur. Ai i hutuar i pyeti se ç'janë duke bërë. I Dërguari (s.a.v.) i shpjegoi atij se ishin duke iu lutur Allahut dhe duke e falenderuar Atë. Atë natë Aliu mbeti zgjuar duke menduar shumë rreth tërë asaj që i Dërguari (s.a.v.) i tha; ai e admironte shumë dhe e çmonte kushëririn e tij. Më në fund mori vendimin e të nesërmen shkoi tek i Dërguari (s.a.v.) dhe i tha se dëshironte që ta ndiqte. Kështu, Hatixheja ishte gruaja e parë që përqafoi Islamin, mësimet e të cilit i Dërguari (s.a.v.) i solli prej Allahut kurse Aliu ishte i riu i parë.

Pas pak kohe, atyre iu bashkangjit edhe Zejd ibn Harithi që ishte një rob të cilin e kishte çliruar vetë i Dërguari (s.a.v.)

Me qëllim që të falen i Dërguari (s.a.v.) dhe Aliu filluan që ta lëshojnë Mekën. Rastësisht një ditë Ebu Talibi kaloi atypari dhe i pa, e pastaj pyeti se ç'janë duke bërë. I Dërguari (s.a.v.) i tha se janë duke u falur dhe duke ndjekur fenë e njëjtë të Ibrahimit. Ai i shpjegoi se ashtu sikur Ibrahimi edhe ky ishte urdhëruar që ta udhëheqë popullin e vet drejt së vërtetës së Allahut. Ebu Talibi shikoi të birin Aliun dhe tha: "Muhamedi kurrë nuk do të të kishte shtyrë që të bëje diçka të gabuar. Shko me të. Mirëpo unë tani nuk mund të lë fenë që ndjek babai im." Pastaj iu kthye të Dërguarit (s.a.v.) duke i thënë: "Edhe pse është kështu, të premtoj ty, o Muhamed (s.a.v.) se sa të jem unë gjallë askush nuk ka për të të lënduar." Pasi tha këtofjalë Ebu Talibi vazhdoi rrugën e vet.

Në këtë kohë lajmet e caktimit të Muhamedit (s.a.v.) për Pejgamber apo profet, arritën edhe deri tek tregtari i urtë dhe gojëmbël nga Meka, Ebu Bekri. Ai e njihte shumë mirë Muhamedin (s.a.v.) dhe besonte se ai nuk gënjen kurrë, prandaj shkoi që të bindet vetë për vërtetësinë e rrëfimit të tij. I dërguari (s.a.v.) i tha se me të vërtetë atë e kishte dërguar Allahu me qëllim që të mësojë çdonjërin që të adhurojë të vërtetën e vetme të Allahut. Kur këtë e dëgjoi nga vetë goja e të Dërguarit (s.a.v.), Ebu Bekri e dinte se kjo ishte e vërtetë prandaj pranoi menjëherë dhe u bë besimtar.

Më vonë i Dërguari (s.a.v.) tregonte se çdonjëri të cilin e kishte ftuar të pranojë Islamin kishte treguar shenja të mosbesimit dhe dyshimit përveç Ebu Bekrit, të cilit kur i kishte thënë nuk kishte ngurruar aspak dhe nuk ishte hamendur. Për shkak të mirësisë dhe urtësisë që kishte njerëzit çdoherë i drejtoheshin Ebu Bekrit për ndonjë këshillë. Ai ishte njeri me ndikim të madh prandaj nëpërmjet tij shumë njerëz kaluan në Islam.

Në mesin e tyre ishte edhe Sa'd ibn Ebi Uekasi xhaxhai i Aminesë nënës së të Dërguarit. Një natë më parë atë e vizitoi Ebu Bekri dhe e vuri në dijeni mbi Islamin. Sa'd ibn Ebi Uekasi pa ëndërr se ishte duke ecur nëpër një errësirë. Duke ecur ai pa hënën, Aliun, Ebu Bekrin dhe Zejdin, robin e çliruar të të Dërguarit, që ia bënin me shenjë atij të vinte e të bashkohej me ta. Kur Ebu Bekri i tregoi për fenë e të Dërguarit, ai e kuptoi domethënien e ëndrrës së tij dhe menjëherë vajti tek i Dërguari (s.a.v.) dhe u deklarua si musliman. Ai e kuptoi se, të bëhesh musliman, do të thotë që ta pranosh njësinë e vullnetit të Allahut dhe t'i shërbesh vetëm Atij. Njeriu tjeter, që nga ana e Ebu Bekrit, pranoi Islamin, ishte Bilali.

Një mbrëmje, Ebu Bekri shkoi në shtëpinë e Umejje ibn Halefit, njërit prej njerëzve më të rëndësishëm të kurejshëve. Umejje kishte dale përjashta dhe Ebu Bekri në shtëpi gjeti vetëm Bilalin, robin e Umejjes. Ebu Bekri bisedoi me të rreth Islamit dhe para se të shkojë, Bilali u bë musliman.

Numri i njerëzve që ishin duke ndjekur të Dërguarin (s.a.v.) filloi të rritet. Herë pas here shkonin jashtë qytetit, në malet rreth e qark Mekës, që ta dëgjojnë atë duke lexuar Kuranin dhe të bisedojnë me të. E tërë kjo bëhej fshehurazi, dhe në këto ditë të hershme, vetëm një numër i vogël njerëzish dinte për Islamin.

TRAZIRAT FILLOJNË

Pas kalimit të tri viteve, një ditë, meleku Xhibril erdhi tek i Dërguari (s.a.v.) dhe u tha njerëzve të Mekës se ka për t'u treguar diçka shumë të rëndësishme. Ai qëndroi në rrezen e Mekës, të quajtur Safa, ndërsa ata u mblodhën rreth e qark tij që ta dëgjojnë se ç'kishte për të thënë. Ai filloi duke i pyetur ata se a thua vallë do t'i besonin në qoftë se u thoshte se do t'i sulmojë një ushtri. Ata u përgjigjën se me të vërtetë do të besonin, sepse ai kurrë nuk i kishte gënjyer. Më pas ai u tha se ishte Lajmëtar i Allahut, i dërguar që t'u tregojë rrugën e drejtë dhe t'i mbrojë nga dënimet e tmerrshme, të cilat do t'i pësonin "në qoftë se nuk do të ndiqnin atë drejt adhurimit të Allahut e askujt tjetër. Ebu Lehebi, njëri nga xhaxhallarët e të Dërguarit, i cili gjendej në mesin e turmës, papritmas u ngrit në këmbë e tha:
"A mbarove? Vetëm për të na treguar këtë na thirre këtu?" Në këtë çast, Allahu xh.sh. i dërgoi të Dërguarit suren si vijon:

Në emër të Allahut, të Gjithmëshirshmit Mëshirëplotit!

> *"Qoftë i shkatërruar Ebu Lehebi, e ai është më i shkatërruar! Atij nuk i bëri dobi pasuria e vet as ajo çka fitoi! Ai do të hyjë në një zjarr të ndezur flake.Edhe gruaja e tij, ajo që barti dru (ferra). E në qafën e saj ajo ka një litar të përdredhur."*

(El-Mesed: l-5)

Pastaj turma u shpërnda, ndërsa i Dërguari (s.a.v.) mbeti i vetmuar. Disa ditë me vonë, i Dërguari (s.a.v.) përsëri u përpoq. Ai shtroi një gosti në shtëpi për të gjithë xhaxhallarët e vet. Pas darkës, u foli atyre: "O bijtë e Abdulmuttalibit! Unë e di se asnjë arab nuk i ka ardhur këtij populli me porosi më të mirë se sa kjo e imja. Unë ua kam sjellë juve lajmet më të mira për këtë jetë dhe për të ardhmen. Allahu më ka urdhëruar që t'ju ftoj në rrugën e Tij. Pra, cili nga ju do të më ndihmojë?"
Të gjithë njerëzit heshtën. Pastaj Aliu, kushëriri i tij u ngrit dhe tha: "O i Dërguari i Allahut! Unë do të ndihmoj." Pastaj të gjithë u ngritën dhe ikën duke qeshur, sepse vetëm një djalë i ri kishte rënë dakord që ta ndihmojë të Dërguarin (s.a.v.).
Porosia që nuk u përfill nga shumica e njerëzve dhe nga ana e xhaxhallarëve të tij, e shtyri të Dërguarin (s.a.v.) që fshehurazi t'i vazhdojë takimet me shokët e vet në shtëpinë rrëzë malit Safa. Atje ata faleshin së bashku, ndërsa ai u tregonte për fenë Islame. Mirëpo, edhe pse e mbanin për vete, ata disa herë u fyen nga njerëzit që nuk deshën të besojnë. Nga një incident i këtillë ndodhi

edhe një kalim i papritur në Islam. Një ditë, kur i Dërguari (s.a.v.) kthehej për ne shtepi takon Ebu Xhehlin I cili e urrente të Dërguarin (s.a.v.) dhe mësimet e tij. Ebu Xhehli filloi të fyejë atë dhe të shajë Islamin, mirëpo i Dërguari (s.a.v.) nuk iu përgjigj dhe vazhdoi rrugën e vet.

Më vonë, Hamzai, njëri nga xhaxhallarët e të Dërguarit, që ishte trim dhe guximtar dhe nga i cili trembeshin të gjithë, dëgjoi se ia kishin sharë nipin. I tërbuar, ai vrapoi drejt Qabes ku ishte ulur Ebu Xhehli dhe me një grusht të rëndë i ra mu në mes të fytyrës. Pastaj Hamzai i bërtiti: "A do ta fyesh atë edhe nëse unë ndjek fenë e tij, dhe nëse unë them atë që thotë edhe ai? Ma kthe të rënën po munde!"

Disa nga njerëzit u ngritën që t'i ndihmojnë Ebu Xhehlit, mirëpo ai i ndali duke thënë: "Lëreni të qetë Hamzanë, sepse pafsha Allahun, unë e shava shumë keq nipin e tij." Nga ky çast Hamzai ndoqi mësimet e të Dërguarit (s.a.v.), dhe me kalimin e tij në Islam, kurejshët panë se i Dërguari (s.a.v.) ka një përkrahës të fortë dhe për pak kohë i ndërprenë keqtrajtimet ndaj tij.

Sido që të jetë, kurejshët përsëri u zemëruan, kur panë se i dërguari (s.a.v.) po shkonte përpara me mësimet e tij. Një grup prej tyre vajti te xhaxhai i tij, Ebu Talibi, i cili kishte premtuar se do ta mbrojë. Ata i thanë ta lusë të Dërguarin (s.a.v.) që t'i lerë sulmet mbi zotat e tyre dhe mënyrën e tyre të jetësës, kurse nga ana e tyre do ta lejonin që me fenë e tij të bëjë ç'të dojë. Pas një kohe ata panë se asgjë nuk ndryshoi, prandaj prapë shkuan te Ebu Talibi dhe i thanë se, në qoftë se nuk e ndalonte nipin, atëherë do të kenë probleme që të dy. Ebu Talibi u shqetësua shumë për këtë fjalosje midis njerëzve të vet, mirëpo nuk mund të shkelte fjalën që i kishte dhënë nipit të vet. Ai e thirri të Dërguarin (s.a.v.) dhe i tregoi se ç'kishte ndodhur duke i thënë: "Kursemë mua, kurseje dhe veten; mos vë barrë më të rëndë nga ajo që mund të mbaj."

I Dërguari (s.a.v.) mendoi se xhaxhai i tij ndoshta edhe e braktis, dhe se nuk do të gëzojë më përkrahjen e tij, por megjithatë u përgjigj:

"O xhaxhai im, për Allahun, në qoftë se në krahun e djathtë më vënë diellin, ndërsa në të majtën hënën, dhe atë vetëm që të heq dorë nga thirrja ime, unë nuk do ta braktisja kurrë, derisa Allahu ta bëjë të vërtetën ngadhnjyese, ose të vdes në shërbim të Tij."

Ebu Talibi u prek thellë nga kjo përgjigje. Ai i tha të Dërguarit (s.a.v.) se do ta përkrahë deri sa të jetë gjallë dhe do ta trimërojë atë në shpërndarjen e porosive të Allahut.

Prej atëherë, udhëheqësit e kurejshëve e patën shumë të vështirë të bindin Ebu Talibin, që të mos e mbrojë nipin e vet, sepse ai çdo herë refuzonte që t'i dëgjojë.

Me qëllim që të shpëtojnë nga Pejgamberi dhe ithtarët e tij, armiqtë e tyre filluan t'i persekutojnë ata muslimanë që ishin më të varfër apo më të dobët, ose që nuk ishin miq të fortë. Person i atillë ishte edhe Bilali, robi i Umejjeh ibn Halefit. I zoti i tij e merrte dhe e çonte në shkretëtirë, e lidhte dhe i vinte një gur të rëndë në krahëror, duke e lënë kështu tërë ditën në diell. Mirëpo, për fat të mirë, një ditë atypari kaloi Ebu Bekri dhe duke e parë se në ç'mënyrë Umejjeh e torturonte Bilalin, ai menjëherë e bleu për një shumë të madhe të hollash dhe pastaj e liroi. Mirëpo jo të gjithë muslimanët e persekutuar e kishin fatin të njëjtë me atë të Bilalit. Shumë nga ata vuajtën, por të gjithë e duruan dhembjen, sepse e dinin se vepronin drejt dhe se shpërblimi i tyre në jetën e ardhme do të ishte më I madh nga çdo lumturi tjetër, të cilën do të mund ta gjenin në tokë.

MBRETI QË BESOI

Ashtu siç rritej numri i ithtarëve të të Dërguarit, gjithashtu shtoheshin edhe armiqtë e muslimanëve dhe bëheshin gjithnjë e më të egër. Më në fund, disa muslimanë vendosën të shkojnë në ndonjë vend tjetër me qëllim që të jetojnë në paqe. Kishin kaluar vetëm pesë vjet nga ardhja e parë e melekut Xhibril te i Dërguari (s.a.v.), dhe dy vjet që kur i Dërguari (s.a.v.) kishte folur publikisht. Muslimanët e lutën të Dërguarin (s.a.v.) t'u lejojë atyre që ta lëshojnë Mekën. Ai u pajtua duke thënë:

"Do të ishte më mirë për ju që të veni në Abisini. Mbreti i atjeshëm është i drejtë dhe ky është një vend mik. Qëndroni atje përderisa Allahu t'ua mundësojë që të ktheheni."

Muslimanët u përgatitën për rrugë. Ata vendosën të presin natën dhe kështu të shkojnë pa rënë në sy. Gjashtëmbëdhjetë të parët e lëshuan Mekën dhe pasi arritën në brigjet e Detit te Kuq, kaluan në Abisini. Të tjerët, tetëdhjetë burra dhe nëntëdhjetë gra, i ndoqën pas, duke shpresuar se do të jenë të atij vendi. Ky ishte hixhreti, apo migrimi i parë në Islam.

Banorët e Mekës u zemëruan shumë kur zbuluan së këta muslimanë e kanë braktisur qytetin fshehurazi, sepse në mesin e tyre gjendeshin bijtë dhe bijat e shumë familjeve të njohura të Mekës. Zemërimi i mekasve ishte edhe më i madh kur zbuluan se muslimanët në Abisini janë pritur mirë. Udhëheqësit e kurejshëve vendosën që të dërgojnë dy njerëz te mbreti i Abisinisë, me shpresë se do të mund ta bindnin atë që muslimanët t'i kthejnë prapë. Këta ishin Amr ibn el-Asi, një folës shumë i zgjuar, dhe Abdullah ibn Rebi'a. Para se të takojnë mbretin, ata u dhanë këshilltarëve shumë dhurata duke u thënë: "Disa budallenje nga njerëzit tanë erdhën të fshihen në vendin tuaj.

Udhëheqësit tanë na kanë dërguar te sundimtari juaj, për ta bindur atë që këta njerëz t'i kthejë prapë, prandaj kur t'i flasim mbretit rreth kësaj, ju lutemi që ta këshilloni atë që ta bëjë këtë." Këshilltarët ranë dakort të bëjnë atë që kërkuan mekasit.

Pastaj Amr ibn el-Asi dhe Abdullah ibn Ebi Rebi'a shkuan te mbreti dhe pasi i dhanë dhuratat që kishin marrë, i thanë:

"Lartmadhëria juaj, këta njerëz kanë braktisur fenë, të cilën ne në Mekë çdo herë e kemi ndjekur, madje nuk kanë bërë edhe të Krishterë, ashtu siç jeni ju."

Këshilltarët mbretërorë, të cilët gjithashtu merrnin pjesë aty, i thanë mbretit se mekasit flasin të vërtetën dhe se ai duhet t'i kthejë muslimanët prej nga kanë ardhur. Mirëpo, mbreti i zemëruar tha:

"Jo, për Zotin, unë nuk i dorëzoj ata. Ata, të cilët kanë kërkuar mbrojtjen time e u vendosën në vendin tim, dhe të cilët më me dëshirë më zgjodhën mua se sa dikë tjetër, nuk do të tradhtohen.

Unë do t'i mbledh ata dhe do t'i pyes rreth asaj që këta dy njerëz më thanë. Në qoftë se muslimanët janë të atillë siç thonë mekasit, atëherë do t'i dorëzoj dhe do t'i kthej përsëri nga kanë ardhur, por nëse mekasit më kanë gënjyer, atëherë unë muslimanët do t'i mbroj."

Amr ibn el-Asi u shqetësua shumë, sepse gjëja që më së paku dëshironte, ishte që mbreti t'i dëgjonte muslimanët se ç'kishin për të thënë. Por, mbreti i thirri muslimanët. Kur hynë brenda, ata nuk u gjunjëzuan para tij ashtu siç e kishin zakon abisinasit e tjerë.

"Përse nuk gjunjëzoheni para mbretit tonë?" - i pyeti njëri nga këshilltarët e tij.

"Ne gjunjëzohemi vetëm para Allahut", u përgjigjën ata. Pastaj mbreti kërkoi prej tyre, që t'i rrëfejnë lidhur me fenë e tyre.

Xha'fer ibn Ebi Talib, i vëllai i Aliut dhe kushëriri i të Dërguarit (s.a.v.) ishte i caktuar që të flasë në emër të muslimanëve. Ai u përgjigj: "O mbret, në fillim neve nuk na përfillnin. Ne dhe stërgjyshërit tanë devijuam nga besimi i Ibrahimit, i cili së bashku me Ismailin e rindërtoi Qaben dhe adhuronin vetëm Allahun. Gjatë adhurimit tonë ndaj Allahut ne i përdornim idhujt; ne hanim mishin që nuk ishte i therrur në mënyrë të drejtë; ne nuk i respektonim të drejtat e fqinjëve tanë; i fuqishmi filloi të sundojë të dobëtin. Ne bënim gjëra të tmerrshme, për të cilat nuk mund të marr guxim të flas. Kjo ishte jeta jonë, derisa Allahu në mesin tonë dërgoi të Dërguarin e Tij, një kushëririn tonë, të cilin çdo herë e kemi njohur si gojëmbël, të pafajshëm dhe të besueshëm.

Ai kërkoi nga ne që të adhurojmë vetëm Allahun dhe të heqim dorë nga traditat e këqija të parardhësve tanë. Ai kërkoi nga ne që ta duam të vërtetën dhe të jemi besimtarë, t'i çmojmë dhe t'i duam fqinjët tanë, t'i nderojmë familjet tona dhe të mos bëjmë punë të këqija dhe zënka të kota. Ai kërkoi nga ne që të kujdesemi për bonjakët. Ai na urdhëroi që të mos shpifim ose të flasim keq për gratë apo për burrat. Ai na urdhëroi që të adhurojmë vetëm Allahun e të mos adhurojmë askënd e asgjë tjetër, përveç Tij. Ai na urdhëroi që të falemi, të japim sadaka dhe të agjërojmë. Ne besojmë se ai ka të drejtë, prandaj dhe e ndjekim dhe veprojmë ashtu siç na urdhëron ai.

Mekasit filluan të na sulmojnë dhe të ndërhyjnë midis nesh dhe fesë sonë. Kështu që, ne ishim të detyruar që t'i braktisnim vatrat tona dhe të vijmë tek ju, me shpresë se do të gjejmë drejtësi."

Mbreti, i cili ishte i krishterë, u prek thellë nga këto fjalë. Amr ibn el-Asi duhej të mendohej shpejt që ta prishte këtë dëshmi. Me një dinakëri të madhe iu drejtua mbretit: "Këta njerëz nuk besojnë në Isanë ashtu siç besoni ju."
 Mbreti pas kësaj kërkoi të dijë se ç'kishte thënë për Isanë i Dërguari (s.a.v.). Xha'feri u përgjigj duke recituar një sure nga Kurani, e cila flet për Isanë dhe nënën e tij Merjemen. Këto janë disa nga ajetet që ai recitoi:

Në emër të Allahut të Gjithëmëshirshmit, Mëshirëplotit!

"E, përmendju në këtë libër (tregimin për) Merjemen kur ajo u largua prej familjes së saj në një vend në lindje Ajo, vuri një perde ndaj tyre, e Ne ia dërguam asaj Xhibrilin, e ai iu paraqit asaj njeri në tërësi. Ajo tha: "Unë i mbështetem të Gjithëmëshirshmit prej teje, nëse je që i frikësohesh Atij (pra, më lë të lirë)!" Ai (Xhibrili) tha: "Unë jam vetëm i dërguar (melek) i Zotit tënd për të dhuruar ty një djalë të pastër (pejgamber)." Ajo tha: "Si do të kem unë djalë, kur mua nuk më është afruar njeri (nuk jam e martuar), e as nuk kam qënë e pamoralshme?" Ai (Xhibrili) tha: "Ja, kështu ka thënë Zoti yt; ajo për Mua është lehtë, e për ta bërë atë (djalin e krijuar pa babë) argument për njerëzit e edhe mëshirë nga ana Jonë. Kjo është çështje e kryer!" Ajo e barti atë (Isain), andaj (me të në bark) u izolua në një vend të largët. E dhembja (e lindjes) e mbështeti atë te një trup i hurmës. Ajo tha: "Ah sa mirë ka qenë për mua të kisha vdekur para kësaj e të isha harruar që moti!" E prej së poshtmi atë e thirri (Xhibrili):

"Mos u brengos, Zoti yt bëri pranë teje një përrockë (uji).

E ti shkunde trupin e hurmës se do të bien për ty hurma të freskëta. Ti pra, ha dhe pi e qetësohu, dhe nëse sheh ndonjë prej njerëzve thuaj: "Unë kam vendosur heshtje për hir të Gjithëmëshirshmit.
Dhe duke e bartur në grykë shkoi me të te të afërmit e vet. Ata i thanë: "Oj Merjeme ke bërë një punë shumë të keqe! Oj motra e Harunit, babai yt nuk ishte njeri i prishur e as nëna jote nuk ka qenë e pamoralshme!"

Atëherë ajo u dha shenjë kah ai (Isai). Ata thanë: "Si t'i flasim atij që është foshnjë në djep?"Ai (Isai) tha: "Unë jam rob i Allahut, mua me ka dhënë (ka caktuar të më japë) librin dhe më ka bërë Pejgamber. Më ka bërë dobiprurës kudo që të jem dhe më ka porositur me namaz (falje) e zeqat për sa të jem gjallë! Më ka bërë të mirësjellshëm ndaj nënës sime, e nuk më ka bërë kryelartë e as të padëgjueshëm! Selami (shpëtimi prej Allahut) është me mua ditën kur u linda, ditën kur të vdes dhe ditën kur të dalë (prej varrit) i gjallë!"

(Merjem: 16-33)

Kur mbreti i dëgjoi këto fjalë, sytë iu mbushën me lot. U drejtua nga këshilltarët, dhe u tha: "Këto fjalë sigurisht vijnë nga Allahu; pak gjëra i ndajnë muslimanët nga të krishterët. Atë që sollën Isai dhe Muhamedi, të Dërguarit e Allahut, vijnë nga i njëjti burim."
Kështu muslimanëve iu dha leja e mbretit që të jetojnë në paqe në vendin e tij. Amrit iu kthyen prap dhuratat që ia kishte dhënë mbretit, dhe kështu të dy mekasit, të dëshpëruar thellë, u kthyen nëpër shtëpitë e veta.

VRAZHDËSIA E KUREJSHËVE

Udhëheqësit kurejshë u brengosën së tepërmi për atë se populli i Mekës filloi të ndahet nën ndikimin e mësimeve të të Dërguarit. Më në fund, Umer ibnul Hattabi, njëri nga bujarët e Mekës, vendosi se mënyra e vetme për ta heshtur të Dërguarin (s.a.v.), është vrasja e tij. Pasi e vendosi këtë doli jashtë dhe filloi ta kërkojë.

Rrugës takoi një njeri, i cili e kuptoi menjëherë qëllimin e Umerit dhe i tha: "Përse një herë, para se të vrasësh Muhamedin, nuk hedh një shikim rreth shtëpisë tënde? A nuk e di se motra jote Fatimeja është muslimane?"

Umeri u befasua shumë. Nuk mund të besonte se kjo ishte e vërtetë, menjëherë vajti te shtëpia e së motrës. Kur arriti para shtëpisë, ai dëgjoi Fatimenë dhe të shoqin, Saidin, se si me zë të lartë lexonin suren "Ta Ha" nga Kurani. Posa dëgjoi zërin e të vëllait,

Fatimeja menjëherë fshehu pergamenin në të cilin ishte shkruar sureja.

Umeri me shpejtësi hyri në dhomë dhe bërtiti: "Ç'është kjo marrëzi që dëgjova?" Fatimeja i mohoi të gjitha. Pastaj Umeri e humbi durimin dhe sulmoi burrin e Fatimesë duke ulëritur: "Mua më thane se ju i jeni bashkangjitur Muhamedit në fenë e tij!" Fatimeja u përpoq ta mbrojë të shoqin, mirëpo Umeri i ra edhe asaj.

Pastaj ajo pranoi: "Po, ne jemi muslimanë dhe besojmë në Allahun dhe në të Dërguarin e Tij, kurse ti mund të bësh ç'ka të duash."

Duke e parë besimin dhe guximin e saj, Umerit i erdhi keq për atë që i bëri të motrës dhe i tha: "A mund ta shoh atë që dëgjova se jeni duke lexuar, me qëllim që të mund ta kuptoj atë që i Dërguari juaj ua ka sjellur?" Fatimeja ia dha pergamenin dhe, pasi u la e u pastrua, me qëllim që para se ta prekë atë të jetë i pastër, ai i premtoi asaj se pas një kohe do t'ia kthejë.

Në emër të Allahut, të Gjithëmëshirshmit, Mëshirëplotit!

"Ta Ha. Ne nuk ta shpallëm Kuranin për të munduar ty. Ta shpallëm vetëm këshillë (përkujtim) për atë që frikësohet. (Kjo është) Shpallje nga Ai që krijoi tokën dhe qiejt e lartë. (E Ai është) Mëshiruesi që qëndron mbi arshin (e mban sundimin mbi gjithçka që ekziston). E Tij është çdo gjë që ekziston në qiej e në tokë dhe çdo gjë që gjendet në mes tyre, edhe ç'ka nën dhe. Andaj, nëse bën shprehjen (lutjen) haptazi, Ai e di të fshehtën, madje edhe më shumë se kjo. Ai është Allahu, nuk ka zot përveç Tij. Atij i takojnë emrat më të bukur."

(Ta-Ha: 1-8)

Posa e lexoi, Umeri e diti se këto fjalë janë nga më të bukurat që kishte dëgjuar ndonjëherë dhe se kjo fe duhet të jetë ajo e vërteta.

Pa e hequr shpatën nga dora, ai shkoi drejt e në shtëpinë e të Dërguarit dhe trokiti fort në derë. Njëri nga ithtarët e të Dërguarit doli jashtë. Aty qëndronte Umeri, i cili njihej për nga guximi e trimëria. Kur e pa Umerin të shqetësuar e me shpatë në dorë, ai u friksua për jetën e të Dërguarit. Mirëpo i Dërguari (s.a.v.) i tha që ta lejojë Umerin të hyjë dhe e luti që t'i lerë vetëm.

I Dërguari (s.a.v.) e pyeti se përse kishte ardhur dhe Umeri iu përgjigj:

"Unë kam ardhur të betohem se nuk ka zot tjetër përveç Allahut dhe se ti Muhamed je i Dërguari i Allahut." Duke thënë këto fjalë, ai ende e mbante në dorë shpatën, me të cilën dikur dëshironte të vriste të Dërguarin (s.a.v.). E njëjta shpatë tani do të përdoret për mbrojtjen e të Dërguarit (s.a.v.) dhe të besimit Islam.

Në atë kohe, sa herë që muslimanët dëshironin të bënin adetin e rrotullimit rreth Qabes, të njohur si tavaf, ishin të detyruar që këtë ta bënin fshehurazi dhe me frikë. Sidoqoftë, Umeri ishte shumë guximtar. Posa e shpalli besimin e tij, ai shkoi drejt e në Qabe dhe në mes të ditës e bëri një rrotullim përskaj Shtëpisë së Shenjtë dhe atë në praninë e qytetarëve të habitur të Mekës. Askush nuk mori guxim që t'i thotë asgjë.

Mirëpo tani udhëheqësit e kurejshëve u friksuan më tepër, sepse Islamin filluan ta shohin si kërcënim për jetën e tërësishme të Mekës. Ata vazhdimisht bëheshin gjithnjë e më të vrazhdë, përderisa nga ana tjetër numri i muslimanëve vetëm rritej, prandaj vendosën ashtu siç kishte vendosur Umeri kohë më parë, ta vrasin të Dërguarin (s.a.v.).

Me të dëgjuar për këto plane, Ebu Talibi, xhaxhai i të Dërguarit (s.a.v.), menjëherë i porositi të gjithë bijtë e Abdulmuttalibit që ta mbrojnë nipin e tyre, më të cilën ata ranë dakord. Kur e pane kurejshët, se për shkak të kësaj mbrojtjeje, nuk do të mund ta vrisnin të Dërguarin (s.a.v.), vendosën që t'i shmangen tërësisht atij dhe ithtarëve të tij. Ata varën në Qabe një deklaratë. Sipas kësaj, askujt në qytet nuk i lejohej të bëjë asgjë që është në lidhje me të Dërguarin (s.a.v.) apo njerëzit e tij, madje edhe të mos u shisnin as ujë e ushqim.

Në fillim, muslimanët gjetën përkrahje te njerëzit e Beni Hashimit, që ishte një degë e kurejshëve, së cilës i takonte edhe vetë i Dërguari (s.a.v.). Disa nga këta njerëz nuk ishin muslimanë, por treguan besnikëri ndaj farefisit të tyre duke vuajtur së bashku me ta.

Por, jeta bëhej gjithnjë e më e vështirë dhe ushqimi sa vinte e pakësohej. Urrejtja e kurejshëve ndaj ithtarëve të të Dërguarit (s.a.v.) u rrit aq shumë, saqë kur shokët e tij mundoheshin të blinin ushqime nga karvanët që kalonin pranë Mekës, atëherë Ebu Lehebi, njëri nga armiqtë e përbetuar të muslimanëve, u ofronte tregtarëve çmime të mallrave dhjetë herë më të larta. Me këtë, ai ia dilte që t'ua ndalojë muslimanëve blerjen e gjërave të domosdoshme.

Gjatë viteve të këtij trajtimi të tmerrshëm, ndodhi diçka e mrekullueshme. Në vend që Islami të dobësohej, ai u bë edhe më i fortë. Allahu dërgoi gjithnjë e më tepër Shpallje. Megjithatë, muslimanët bëheshin gjithnjë e më të fuqishëm dhe të dlirë, sepse mundimet që përjetonin ishin sprovë e besimit të tyre.

Çdo vit, në kohën e haxhit në Mekë, vinin njerëz nga e tërë Arabia. Këta haxhilerë e panë vrazhdësinë dhe padrejtësinë e kurejshëve që tregonin karshi muslimanëve dhe shumicës prej tyre u vinte keq për ithtarët e të Dërguarit. Kurejshët filluan ta ndiejnë veten të turpëruar për sjelljen e tyre të egër, sepse pjesa dërmuese e muslimanëve ishin farefis dhe kushërinj të tyre. Pas tre vjetëve, ata më në fund u bindën se erdhi koha që të përfundojnë vuajtjet e muslimanëve dhe vendosën ta heqin shpalljen që kishin vendosur në Qabe. Për habi të tyre, shpalljen e kishin ngrënë krimbat, përveç fjalëve "Me emrin Tënd, o Allah" e cila kishte qenë e shkruar në krye të shpalljes së tyre.

VITI I HIDHËRIMEVE

I Dërguari dhe ithtarët e tij përsëri iu kthyen mënyrës normale të jetësës, mirëpo vitet e vuajtjes e dobësuan Hatixhen për së tepërmi. Ajo u sëmur dhe së shpejti vdiq. Kështu, i Dërguari (s.a.v.) e humbi gruan dhe shoqen e tij të dashur, personin e parë që pranoi Islamin dhe e përkrahu atë. Ajo ishte strehim nga të gjitha shqetësimet e tij, ndërsa për shkak të zemrës së mirë që kishte, edhe shoqja më e mirë e tij nëpër mjerimet që përjetuan.

Menjëherë pas kësaj vdiq edhe Ebu Talibi, xhaxhai dhe mbrojtësi i të Dërguarit Muhamed (s.a.v.). Ebu Talibi ishte ndër njerëzit më të çmuar të Mekës dhe njëri nga kurejshët më të vjetër. Edhe pse kurrë nuk u bë ithtar i Islamit, ai gjithmonë e mbrojti të Dërguarin (s.a.v.) nga armiqtë e tij. Ky nuk ishte vetëm një pikëllim për të Dërguarin (s.a.v.), por njëkohësisht edhe rrezik për të. Sipas zakoneve arabe, çdokush që ishte nën mbrojtjen e dikujt, ishte i sigurt përderisa mbrojtësi i tij ishte gjallë.

Tani, me vdekjen e xhaxhait të tij, i Dërguari (s.a.v.) nuk kishte më mbrojtje. Armiqtë e të Dërguarit gëzoheshin pa masë kur e shihnin të pikëlluar, pa gruan, në të cilën mbështetej dhe pa xhaxhanë që e mbronte. Ata filluan të sillen me të më keq se kurdoherë. Madje edhe fëmijët e vegjël filluan ta fyejnë. Me një rast, një i ri hodhi disa fëlliqësira mbi kokën e të Dërguarit (s.a.v.), mirëpo i Dërguari shkoi në shtëpi pa e bërë të madhe. Kur njëra nga bijat e tij, duke e parë, deshi ta fshijë dhe ta lajë, ai me qetësi i tha: "Mos qaj bija ime e vogël, sepse babain tënd do ta mbrojë Allahu."

Ebu Talibi ishte lidhja e fundit e të Dërguarit me kurejshët, prandaj tani i Dërguari (s.a.v.) pandehu se për shkak të zemrave që kurejshët kishin mbyllur ndaj tij, Islami nuk ishte më në gjendje që të përparonte në Mekë. Prandaj vendosi që të udhëtojë në Taif ku shpresoi se do të gjejë përkrahje. Tërë rrugën deri në qytet, e cila ishte e gjatë afro shtatëdhjetë kilometra, ai e kaloi në këmbë. Atje foli kudo ku tuboheshin njerëzit, mirëpo askush nuk e dëgjoi. Ai u takua me udhëheqësit e tri fiseve më të rëndësishme, mirëpo as ata nuk deshën ta dëgjojnë. Jo vetëm që nuk ia vinin veshin asaj që ai thoshte, por filluan edhe të tallen, dhe i urdhëruan robërit e tyre që ta fyejnë e gjuajnë me gurë.

I pikëlluar, i Dërguari (s.a.v.) e lëshoi qytetin dhe gjeti një vend të qetë pranë një muri në skaj të qytetit, ku mund të ishte i vetmuar. Atje iu lut Allahut me këto fjalë:

"O Allah, Ty të qahem për dobësinë, për paaftësinë dhe përulësinë që e kam para njerëzve. O i Mëshirueshmi, Ti je

Zot i të dobtëve dhe Ti je Zoti im. Ti, kujt do t'ia falësh fatin tim? Të huajit që më fyen apo armikut, të cilit Ti i ke dhënë pushtet mbi mua? Nëse Ti nuk je zemëruar në mua, unë atëherë nuk do të brengosem se ç'do të ndodhë me mua. Qëllimi im është ndihma Jote. Unë strehohem në dritën e përkrahjes Tënde, nga e cila ndriçohet errësira dhe varet kjo botë dhe e ardhmja; le të mos zbresë zemërimi Yt apo i drites Tënde. Sepse, Ti duhet të jesh i kënaqur. Nuk ka fuqi dhe madhështi, përveç prej Teje."

Muri pranë të cilit ishte mbështetur i Dërguari (s.a.v.) ishte pjesë e një kopshti që u takonte dy vëllezërve. Kur ata e dëgjuan kete lutje, u erdhi shumë keq për të dhe pas një robi të tyre i dërguan një pjatë plot me rrush. Para se të fillojë të hajë, i Dërguari (s.a.v.) tha: **"Bismil-lah" – "Me emrin e Allahut".** Shërbëtori, emri i të cilit ishte Addas, u befasua shumë nga këto fjalë, sepse nuk i kishte dëgjuar kurrë më parë. "Për Allahun", tha Addasi, "kjo nuk është mënyra me të cilën flasin njerëzit e këtushëm". Atëherë o Addas, nga cili vend je dhe cila është feja jote?" e pyeti i Dërguari (s.a.v.) "Unë jam i krishterë nga qyteti Asirian Ninive", u përgjigj ai.
"Nga qyteti i njeriut të mirë Jahjasë, birit të Matta-së", vazhdoi i dërguari (s.a.v.)
"Ku di ti për atë?", pyeti Addasi.
"Ai është vëllai im - ai ka qenë i Dërguar dhe unë jam i Dërguar", u përgjigj i Dërguari i Allahut (s.a.v.).
Addasi u përkul dhe e puthi kokën e të Dërguarit, duart dhe këmbët e tij, sepse tani e pa se ai me të vërtetë është i Dërguar.
Pastaj i Dërguari (s.a.v.) u kthye në Mekë. Tani ishte në gjendje që për çdo gjë të ishte më i durueshëm, sepse e dinte se Allahu kurrë nuk do ta linte më vetëm. Rruga e tij për në Taif nuk qe e kotë, sepse Addasi i krishterë, tani u bë musliman dhe ky ishte vetëm fillimi i ndryshimeve të mëdha.

ISRAJA DHE MI'RAXHI

Kur një mbrëmje Muhamedin (s.a.v.) e kishte zënë gjumi afër Qabes, në të njëjtin vend ku Abdulmuttalibi e kishte zakon të flerë, atë e zgjoi meleku Xhibril. Më vonë i Dërguari (s.a.v.) rrëfente se ç'kishte ndodhur. **"Unë u ngrita dhe ai më kapi për krahu. Qëndrova pranë tij dhe ai më solli para një dere të xhamisë ku ishte një kafshë e bardhë, që më priste t'i hip."**

I Dërguari (s.a.v.) tregoi se si i hipi kafshës dhe me melekun Xhibril pranë tij u bartën prej Mekës në xhaminë El-Aksa, jo fort larg Jerusalemit. Në mesin e të Dërguarve të tjerë, atje i Dërguari (s.a.v.) gjeti Ibrahimin, Musain dhe Isain. Gjatë faljes, i Dërguari Muhamed (s.a.v.) kishte rolin e udhëheqësit, atë të imamit. Pastaj i sollën dy kënata, njëren me qumësht e tjetrën me verë. Ai zgjodhi qumështin, kurse verën e refuzoi. Atëherë meleku Xhibril i tha: **"Ti je udhëhequr drejt nga fitre, natyra e vërtetë e njeriut, prandaj edhe njerëzit e tu, o Muhamed, do të jenë të këtillë. Vera për ju është e ndaluar."**

I Dërguari (s.a.v.) gjithashtu rrëfente se si kishin kaluar nëpër dyert e Qiellit dhe kishin parë melekë të panumërt. Në mesin e tyre gjendej edhe Maliku, rojtari i Xhehenemit, i cili nuk buzëqesh kurrë. Maliku bëri një hap para dhe i tregoi të Dërguarit (s.a.v.) një pamje të Xhehenemit dhe mundimet e tmerrshme të atyre që vuanin aty.

Pastaj, me ndihmën e melekëve, Muhamedi (s.a.v.) kaloi nëpër shtatë qiejt dhe atë njërin pas tjetrit. Gjatë udhës ai përsëri pa Isanë, Musanë dhe Ibrahimin dhe tha se kurrë nuk kishte parë njeri që i ngjante aq shumë siç ishte Ibrahimi. Ai gjithashtu pa Johnin, që në arabishte i thonë Jahja, Jozefin apo Jusufin, Enohun apo Idrizin, si dhe Harunin.

Më në fund arriti te Druri i Plotë i Kufirit të Fundit, Sidretul-Munteha, ku asnjë i Dërguar më parë nuk kishte qenë. Këtu i Dërguari (s.a.v.) e pranoi shpalljen e asaj në të cilën muslimanët besojnë.

Në emër të Allahut të Gjithëmëhirshmit, Mëshirëplotit!

"I Dërguari i besoi asaj që u shpall prej Zotit të Tij, e ashtu edhe besimtarët. Secili i besoi Allahut, engjëjve të Tij, shpalljeve të Tij, të dërguarve të Tij. Ne nuk bëjmë dallim me asnjërin nga të dërguarit e Tij dhe thamë: "Ju përgjigjem (thirrjes) dhe respektuam (urdhërin). Kërkojmë faljen Tënde, o Zoti ynë! Vetëm te Ti është ardhmëria jonë."

(El-Bekare: 285)

Pastaj ate e çuan në Dritën e pranisë Hyjnore të Allahut, ku e këshilluan se muslimanët duhet të falen pesëdhjetë herë në ditë. I dërguari (s.a.v.) përsëri rrëfente:

"Me t'u kthyer prapë, unë kalova pranë Musait, dhe, ç'të shihni, sa njeri i mirë që ishte! Ai më pyeti sa namaze jam urdhëruar të kryej. Kur unë i thashë se janë pesëdhjetë, ai tha: "Namazi është çështje serioze, ndërsa populli yt është i dobët, prandaj kthehu prap te Zoti yt dhe lute Atë që ta zvogëlojë atë numër për ty dhe për ummetin tënd. "Unë bëra ashtu si më tha dhe Ai i zbriti për dhjetë me pak. Përsëri kalova pranë Musait dhe ai përsëri me tha të njëjtën gjë; dhe kjo zgjati derisa mbetën pesë namaze për gjatë ditës dhe natës.

Musai përsëri me këshilloi të njëjtën. Unë iu përgjigja se prapë shkova te Zoti im dhe e luta Atë që ta zvogëlojë numrin, derisa në fund më erdhi turp, dhe nuk e përsërita më lutjen time. Ai prej jush, i cili do t'i bëjë pesë faljet me besim të plotë, do të ketë shpërblimin e pesëdhjetë faljeve."

Të nesërmen i Dërguari (s.a.v.) u rrëfeu kurejshëve lidhur me këto ngjarje. Shumë prej tyre thanë: "Për Zotin! Kjo është qesharake!
Karvanit i nevojitet një muaj që të shkojë në Siri dhe një muaj që të kthehet. A mundesh ti ta bësh një udhëtim të tillë vetëm për një natë?"
Edhe muslimanët u çuditën nga e gjithë kjo dhe kërkuan shpjegim nga i Dërguari (s.a.v.). Disa nxituan menjëherë të lajmërojnë Ebu Bekrin, i cili tha: "Pafsha Allahun, nëse vetë Muhamedi (s.a.v.) thotë se është ashtu, atëherë kjo është e vërtetë. Mos harroni, i Dërguari (s.a.v.) na thotë se fjala e Allahut atij i vjen nga qielli e drejt në tokë, në çdo kohë të ditës e të natës. A nuk është kjo një mrekulli më e madhe se ai dyshimi juaj?"
Pastaj Ebu Bekri shkoi në xhami dhe dëgjoi përshkrimin e përimtësuar të Muhamedit (s.a.v.) për Jerusalemin. Ai i tha: "O i Dërguari i Allahut, ti flet të vërtetën!"
Prej atëherë, Ebu Bekrin e nderuan me emrin "Es-Sidik" që do të thotë "ai që jep fjalën për të përkrahur të vërtetën".
Tani edhe të tjerët filluan të besojnë në rrëfimin e të Dërguarit (s.a.v.), atëherë kur ai filloi të përshkruajë dy karvanet që i kishte parë duke u kthyer rrugës për në Mekë. Atyre që dyshonin, ai u tregoi vendin ku kishte parë karvanet, mallrat që bartnin dhe kohën kur ato karvane do të arrinin në Mekë.

E tërë kjo që tha i Dërguari (s.a.v.) u vërtetua atëherë kur karvanet arritën në kohën, të cilën ai e kishte caktuar, duke bartur tërë atë mall që ai e kishte përshkuar.

Në emër të Allahut, të Gjithëmëshirshmit, Mëshirëplotit!

"Pa te meta është Lartmadhëria e Atij që robin e Vet e kaloi në një pjesë të natës prej Mesxhidi Haramit (prej Qabes) gjer në Mesxhidi Aksa (Bejti Mukaddes), rrethinën e se cilës ne e kemi bekuar, (ia bëmë këtë udhëtim) për t'ia treguar atij disa nga argumentet Tona. Vërtet, Ai është dëgjuesi (i fjalëve të Muhamedit) pamësi (i punëve të Muhamedit)."

(El-Isra: 1)

"Pafsha yllin kur ai bie (prej së larti poshtë)! Shoku juaj (Muhamedi që ju e njihni) as nuk është njeri që ka humbur, as që ka devijuar (nga e vërteta). Dhe ai nuk flet nga mendja e tij. Ai (Kurani) nuk është tjetër veçse Shpallje që i shpallet.
Atë ia mësoi, Ai fuqiforti (Xhibrili). Që ka mendje preçize dhe që u përqëndrua në formën e vet (reale).
Dhe ai (Xhibrili) ishte në horizontin e lartë (nga lindja). Pastaj u lëshua dhe iu afrua. E ishte afër sa dy harqe (dy kute) apo edhe më afër. Dhe i shpalli robit të Tij atë, që ia shpalli Zemra nuk e mohoi atë që e pa (me sy). A po i bëni polemikë atij për atë që ka parë? Atë (Xhibrilin) e ka parë edhe herën tjetër. (E ka parë) tek Sidretul Munteha. Që pranë saj është xhenetul Me'va (kopësht strehimi i...) Atëherë kur Sidrën e mbuloi çka e mbuloi.
Shikimi (i Muhamedit) as nuk lakoi e as nuk tejkaloi. Ai (Muhamedi) vërtet, pa disa nga shenjat më të mëdha të Zotit të vet.

(En-Nexhm: 1 -18)

MARRËVESHJA E AKABES

Në Jethrib kishte dy fise kryesore, Evsi dhe Hazrexhi. Që të dy ishin mjaft të fuqishëm, çdoherë ishin në gjendje lufte me njëri-tjetrin dhe të dy fiset i adhuronin idhujt. Në Jethrib kishte edhe shumë hebrenj, te cilët për dallim nga arabët e asaj kohe, njihnin vetëm Një Zot dhe adhuronin vetëm Atë. Ata disa herë u kishin thënë arabëve se një ditë në mesin e tyre do të vijë një i Dërguar.

Erdhi koha e haxhit në Qabe dhe në mesin e njerëzve që ishin duke shkuar nga Jethribi, gjendeshin edhe gjashtë njerëz të fisit Hazrexh. Ata kishin dëgjuar për mësimet e të Dërguarit Muhamed dhe pandehën se ky do të jetë ai i Dërguar, për të cilin u kishin folur hebrejtë. Kështu, ata vendosën të nisen për në Mekë dhe të shfrytëzojnë rastin, që gjatë qëndrimit të tyre të bisedojnë me të.

Ata e takuan të Dërguarin (s.a.v.) në vendin e quajtur Akaba, në afërsi të Mekës, kurse ai i ftoi që të ulen me të. Ai u shpjegoi atyre kuptimin e Islamit dhe u lexoi disa pjesë nga Kurani. Kur i dëgjuan recitimet e Kuranit, zemrat e tyre u prekën aq shumë saqë ata menjëherë u bënë muslimanë dhe në të larguar nga Meka, premtuan që vitin e ardhshëm të kthehen përsëri. Kur, me Islamin në zemrat e tyre u kthyen në Jethrib, ata u thanë shokëve dhe farefisit rreth asaj që kishin dëgjuar nga i Dërguari (s.a.v.), me ç'rast shumë njerëz u bënë muslimanë.

Kaloi një vit dhe koha e haxhit përsëri u afrua. Nga Jethribi për në Mekë u nisën dymbëdhjetë njerëz të rëndësishëm, që ta takojnë të Dërguarin (s.a.v.) dhe t'i premtojnë besnikëri në shërbimin ndaj tij dhe ndaj Islamit. Në të kthyer, i Dërguari (s.a.v.) bashkë me ta dërgoi edhe Mus'ab ibn Umejrin, njërin nga miqtë e tij me qëllim që t'ua mësojë Kuranin dhe t'i këshillojë në lidhje me fenë e re.

Kaloi edhe një vit, me ç'rast numri i muslimanëve, që vinin nga Jethribi për në haxh në Mekë, u rrit edhe më shumë. Këtë herë u organizua një takim i fshehtë me të Dërguarin (s.a.v.). Nga njëra anë ishin shtatëdhjetë e tre burra dhe një grua nga Jethribi, ndërsa nga ana tjetër i Dërguari (s.a.v.) erdhi me xhaxhanë e tij Abbasin. Në këtë takim, njerëzit nga Jethribi, të Dërguarit (s.a.v.) dhe ithtarëve të tij u ofruan mbrojtje dhe përkrahje në qoftë se vendosin të shkojnë të jetojnë në Jethrib. Ky premtim për përkrahje u bë i njohur si Marrëveshja e Akabesë.

Marrëveshja ishte më se e nevojshme sepse, megjithëse Islami në Jethrib sa vinte e rritej, nga ana tjetër muslimanët e Mekës ende vuanin. Pastaj i Dërguari (s.a.v.) u tha shokëve dhe ithtarëve të vet që të shkojnë në Jethrib, ku do të ishin më të sigurt dhe këtë rast shumë prej tyre e shfrytëzuan. Pavarësisht nga këto vuajtje, i Dërguari (s.a.v.) nuk e kishte të lejuar t'i luftojë armiqtë e vet, sepse Allahu i kishte thënë që t'i falë ata që e fyejnë apo nuk e dëgjojnë porosinë e tij. Mirëpo, kurejshët kryekëput i kishin mbyllur mendjet e tyre ndaj fjalëve të Allahut xh.sh. dhe aq shumë i kishin prishur zemrat ndaj të Dërguarit (s.a.v.) dhe ithtareve të tij, saqë Allahu e lejoi të Dërguarin (s.a.v.) t'i luftojë ata që përpiqen ta dëmtojnë atë apo shokët e tij.

Në emër të Allahut, të Gjithëmëshirshmit, Mëshirëplotit!

> *"Atyre që po sulmohen me luftë u është dhënë leje të luftojnë, për shkak se u është bërë padrejtësi, e Allahu ka fuqi për t'u ndihmuar atyre (muslimanëve) (U lejuan të luftojnë) Ata, të cilët vetëm pse thanë: "Allahu është Zoti ynë", u dëbuan prej shtëpive të tyre pa kurrfarë të drejtë."*

(El Haxh: 39-40)

Tani kurejshët filluan t'i tremben Muhamedit (s.a.v.), sepse e panë se ai tani ishte mjaft i fuqishem për të luftuar me ta dhe se për këtë kishte leje edhe nga vetë Allahu. Ata e dinin gjithashtu se tani me të ishte edhe populli i Jethribit, i cili e mbronte dhe e përkrahte atë. Duke parë se muslimanët e lëshojnë qytetin, ata vendosën që ta vrasin Muhamedin (s.a.v.) përpara se ai t'u bashkohet ithtarëve të tij në Jethrib. Në këtë mënyrë ata shpresonin se një herë e përgjithmonë do t'i japin fund Islamit.

HIXHRETI

Ndërprerja e të gjitha lidhjeve me shtëpinë e tij, vetëm për hir të Allahut

Pasi shokët e tij u nisën në Jethrib, i Dërguari (s.a.v.) qëndroi në Mekë duke pritur lejen e Allahut për ta lëshuar qytetin. Aty kishte edhe disa muslimanë, të cilëve kurejshët nuk u kishin lejuar ta lëshojnë qytetin. Ebu Bekri tërë kohën e luste Muhamedin (s.a.v.), që ta lejojë të niset për në Jethrib, mirëpo i Dërguari i Allahut (s.a.v.) vazhdimisht i thoshte: **"Mos shpejto, ndoshta Allahu të jep edhe ndonjë bashkudhëtar."**

Udhëheqësit e kurejshëve u tubuan në shtëpinë e stërgjyshit të tyre Kusajjit, *siç* e kishin zakon kur duhej të sillen vendime të rëndësishme. Ata duhej të gjenin mënyrën se si të liroheshin nga i Dërguari Muhamed (s.a.v.) para se ai t'u bashkëngjitej shokëve të tij në Jethrib.

Ashtu *siç* ishin të zënë me bisedën mes tyre, në derë u paraqit shejtani, në formën e një bujari plak e të pashëm. Kur e panë këtë zotëri të moshuar të qëndronte para tyre, ata e pyetën se kush është. Ai u tha se është një shejh i ardhur nga malet, që kishte dëgjuar ç'kanë ndërmend të bëjnë dhe se mendonte se do të mund të jetë në gjendje t'u ndihmojë. Atyre iu duk si njeri i mençur, prandaj dhe e ftuan të hyjë brenda.

Pastaj çdonjëri nga udhëheqësit filloi të paraqesë idetë, për të cilat mendonte se duheshin realizuar, mirëpo rreth asnjërës prej tyre nuk mund të pajtoheshin se cila është më e mira, derisa Ebu Xhehli nuk ua rrëfeu planin e tij. Ky plan parashikonte që çdo fis të sigurojë nga një luftëtar të ri e të fortë, të cilët do të kishin nga një shpatë në dorë. Pastaj të gjithë luftëtarët e rinj do të prisnin para shtëpisë së të Dërguarit dhe njëkohësisht do ta sulmonin atë kur të dilte nga ajo. Kështu ata do të liroheshin prej tij, dhe pasi për vrasjen do të fajësoheshin të gjitha fiset, atëherë familja e të Dërguarit nuk do të ishte në gjendje të hakmerrej.

Kur e dëgjoi këtë, shejtan nën maskën e plakut tha: "Ky njeri ka të drejtë; sipas mendimit tim, kjo është e vetmja që mund të bëhet!"

Pastaj, të kënaqur me planin që kishin kurdisur, udhëheqësit e kurejshëve u shpërndanë.

Në emër të Allahut, të Gjithmëshirshmit, Mëshirëplotit!

> *"Përkujto (o i Dërguar) kur ata që nuk besuan thurnin kundër teje; të ngujojnë, të mbysin ose të dëbojnë. Ata bënin*

plane, e Allahu i asgjesonte, se Allahu është më i miri që asgjeson (dredhitë)."

(El Enfalë: 30)

Para se të binte nata, në të cilën Muhamedi (s.a.v.) duhej të vritej, meleku xhibril erdhi tek ai dhe i tha: **"Sonte mos fli në shtratin tënd."** I Dërguari (s.a.v.) e kuptoi mirë se ç'ishte duke ngjarë, andaj edhe i tha Aliut që të shtrihej në shtratin e tij dhe të mbulohej me batanien, të cilën e përdorte zakonisht i Dërguari (s.a.v.), duke i premtuar se nuk do t'i ndodhë asnjë e keqe.

Posa u errësua, të rinjtë kurejshë u mblodhën para shtëpisë së të Dërguarit duke pritur që ai te dalë. Kur u bind se Aliu është i sigurt, i Dërguari (s.a.v.) e la shtëpinë. Në atë moment, Allahu për një çast ua mori sytë luftëtarëve dhe ata nuk mundën ta shihnin të Dërguarin (s.a.v.), i cili mori një grusht pluhur dhe ua hodhi mbi kokat e tyre, duke recituar këto ajete:

Në emër të Allahut, të Gjithmëshirshmit, Mëshirëplotit!

"Ja Sin! Pasha Kuranin e pacënueshëm në urtësinë e tij të lartë. S'ka dyshim se ti (Muhamed) je prej të dërguarve. Je në një rrugë të drejtë. (Kurani është) Zbritje e Plotfuqishmit, e Mëshiruesit. Për t'ia tërhequr vërejtjen një populli, që të parëve të tyre nuk u është tërhequr, e për atë shkak ata janë të hutuar. Për Zotin, tashmë ka marrë fund vendimi (thënia) kundër shumicës së tyre, andaj ata edhe nuk besojnë. Ne u kemi varur në qafat e tyre pranga e ato u arrijnë deri në nofulla, andaj ata mbesin me kokët lart. Ne u kemi vënë edhe para tyre pendë dhe ua kemi mbuluar sytë, prandaj ata nuk shohin."

(Jasinë: 1-9)

Të rinjtë pritën tërë natën dhe u mllefosen shumë kur në mëngjes, në vend të të Dërguarit (s.a.v.), panë Aliun duke dalë nga shtëpia. Ata e panë se plani i tyre dështoi plotësisht.

Ndërkohë, i Dërguari (s.a.v.) shkoi në shtëpinë e Ebu Bekrit dhe i tha: **"Allahu më ka thënë se tani është koha që të lëshojmë Mekën."** "Së bashku?", e pyeti Ebu Bekri.

"Së bashku", u përgjigj i Dërguari (s.a.v.).

Ebu Bekri fluturonte nga gëzimi, sepse tani e kuptoi se bashkëudhëtari i tij i premtuar ishte vetë Muhamedi (s.a.v.). Prandaj i tha:" O i Dërguari i Allahut, këto janë ato dy devetë që kam ruajtur për atë ditë. " Kështu ata të dy u nisën për në shpellën Theur, në një mal në jug të Mekës, ku mendonin që të fshiheshin.

Kur dolën jashtë qytetit, i Dërguari (s.a.v.) shikoi një herë prapa dhe tha: **"Nga e gjithë toka e Allahut, ti je vendi më i dashur për Allahun dhe për mua, dhe po të mos më kishte përzënë populli im, unë kurrë nuk do të braktisja."**

Kur kurejshët e kuptuan se Muhamedi (s.a.v.) dhe shoku i tij kishin ikur, filluan t'i kërkojnë nga të gjitha anët. Tri ditë më vonë arritën deri te shpella ku fshihen i Dërguari (s.a.v.) dhe Ebu Bekri mirëpo ndodhi diçka e çuditshme. Në hyrje të shpellës kishte thurrur rrjetën e saj një merimangë, kurse aty pranë, një pëllumb kishte ngritur folenë. Kur mekasit ndodheshin në hyrje të shpellës dhe vetëm rrjeta e merimangës i ndante nga të arratisurit, Ebu Bekri u frikësua shumë për sigurinë e tyre. Ai i pështpëriti të Dërguarit (s.a.v.): "Ata janë shumë afër. Në qoftë se dikush prej tyre kthehet këtej, atëherë do të na shohin."

Por përgjigjja e të Dërguarit (s.a.v.) e qetësoi: **"Ç'mendon ti për dy njerëz, që si të tretë midis tyre kanë Allahun?"**

"... Mos u pikëllo (frikso), Allahu është me ne."

(EtTeube: 40)

Pas disa çastesh ndjekësit u pajtuan me mendimin se askush nuk mund të ketë hyrë në këtë shpellë për një kohë të gjatë, sepse përndryshe rrjeta e merimangës s'do të ishte e paprekur dhe se aty nuk do të bënte dot folenë pëllumbi, prandaj edhe u larguan pa hyrê brenda.

Tri ditë më vonë, i Dërguari (s.a.v.) dhe Ebu Bekri u bindën se janë të sigurt për ta lëshuar shpellën. I biri i Ebu Bekrit, Amiri u siguroi tri deve dhe u ndihmoi që të vazhdojnë rrugën e tyre për në Jethrib. Amiri ecte pas të atit. Ndërkohë, udhëheqësit e kurejshëve u kthyen në Mekë dhe ofruan një shpërblim prej njëqind devesh për atë që do të kapë të Dërguarin (s.a.v.). Në mesin e atyre që vajtën për ta kërkuar atë ishte edhe një luftëtar i famshëm. Në të vërtetë, ai ishte i vetmi që mund ta kapte, mirëpo sa herë që i afrohej të Dërguarit (s.a.v.), kali i tij zhytej në rërë deri në gjunjë. Kur kjo ndodhi tri herë me rradhë, atëherë ai kuptoi se të Dërguarin (s.a.v.) e mbron një fuqi që është shumë më e madhe nga çdo gjë që kishte njohur më parë prandaj edhe u kthye në Mekë. Kur arriti atje ai i paralajmëroi të tjerët për rrezikun e kërkimit të mëtejshëm, duke i njoftuar se ç'kishte ndodhur me të.

Në emër të Allahut, të Gjithmëshirshmit, Mëshirëplotit!

"Në mos e ndihmofshit atë (Pejgamberin), atë e ka ndihmuar Allahu; kur ata që nuk besuan, e nxorrën atë vetë të dytin; kur që të dy ishin në shpellë, kur po i thoshte shokut të vet: "Mos u pikëllo (frikso), Allahu është me ne!" E Allahu i zbriti qetësi (në shpirtin e) atij, e fuqizoi me një ushtri që ju nuk e patë; e fjalën e atyre që nuk besuan e bëri më të ultën, kurse fjala e Allahut është më e larta. Allahu është më i Fuqishmi, më iUrti."

(EtTeube: 40)

Udhëtimi i të Dërguarit nga Meka u quajt hixhreti apo shpërngulja. Në të vërtetë, ky ishte hapi i parë i përhapjes së Islamit nëpër botë, kurse prej këtij viti të hixhretit, muslimanët filluan kalendarin e tyre.

ARRITJA NË JETHRIB

Kur njerëzit e Jethribit dëgjuan se Muhamedi (s.a.v.) e ka lëshuar Mekën dhe është drejtuar për në qytetin e tyre, ishin duke pritur me padurim arritjen e tij. Më në fund, të hënën, më 27 shtator të vitit 622 e.r. dikush e pa së largu dhe u bëri zë të gjithëve: "Ja ku është Muhamedi (s.a.v.)! Erdhi i Dërguari i Allahut!" Të gjithë muslimanët, të ngazëllyer shkuan ta takojnë duke bërtitur, "Allahu Ekber! Allahu është më i Madhi! Arriti Muhamedi, i Dërguari i Allahut!" Gratë dhe fëmijët shprehnin me këngë kënaqësinë e tyre. I Dërguari (s.a.v.) hyri në qytet bashkë me shokun e tij, Ebu Bekrin. Shumica e njerëzve që nuk e kishin parë, u mblodhën rreth tyre, pasi nuk e dinin se cili ishte i Dërguari (s.a.v.); derisa Ebu Bekri nuk u ngrit dhe me mantelin e tij e mbuloi që ta mbrojë nga dielli përcëllues. Prej tash e tutje, Jethribi do të quhej el-Medine, që do të thotë Qyteti.

I Dërguari i Allahut, tri ditët e para qëndroi në Kuba, që është një vend në hyrje të Medinës. Të premten e parë pas arritjes së tij, I Dërguari (s.a.v.) udhëhoqi namazin e xhumasë. Pas kësaj, shumica e pasanikëve e ftuan që të jetojë me ta dhe po me ta të ndajë pasurinë.Mirëpo ai e refuzoi këtë dhe, duke treguar nga deveja e tij Kasva, tha: "**Le të shkojë në rrugën e** saj", se e dinte se deveja e tij ishte nën komandën e Allahut xh.sh. dhe se do ta çonte atë në vendin ku duhej të ndalej. Ata e lanë devenë të shkonte ku të donte, derisa më në fund ajo u gjunjëzua afër shtëpisë se Benu Nexharëve, farefisit nënës së të Dërguarit. Kjo shtëpi përdorej si vend për tharjen e hurmave dhe i takonte dy jetimëve, Sehlit dhe Suhejiit. Ata ia ofruan shtëpinë të Dërguarit (s.a.v.), mirëpo ai nguli këmbë që ta paguajë, dhe kështu Asadi, i biri Zurares, i cili gjendej aty, bëri marrevëshjet e nevojshme.

I Dërguari (s.a.v.) urdhëroi që në ate vend të ndërtohet një xhami dhe një vendbanim për të. Të gjithë muslimanët punuan së bashku që ta kryejnë sa më shpejt - madje atyre iu bashkëngjit edhe i Dërguari (s.a.v.).

Këtu muslimanët do të mblidheshin për t'u falur dhe për të sjellë vendime dhe plane të rëndësishme. Ndërtimi ishte i thjeshtë dhe u krye shpejt. Dyshemeja ishte prej dheu të shtypur, ndërsa pullazi nga gjethet e palmave dhe degët e drujnve. Drejtimi i faljes u shënua me dy shkëmbinj. Në fillim besimtarët u kthyen drejt Jerusalemit, mirëpo shumë shpejt kahja e të falurit u kthye nga Qabeja në Mekë.

Pas ndërtimit të xhamisë, Muhamedi (s.a.v.) dëshironte të forconte marrëdhëniet ndërmjet njerëzve të quajtur Muhaxhirë apo emigrantë, të cilët së bashku me të erdhën nga Meka, dhe njerëzve të Medinës, që njiheshin me emrin Ensarë apo ndihmëtarë. Çdo njeri i Medinës mori si vëlla të vetin nga

një njeri të ardhur prej Meke, duke ndarë çdo gjë me të dhe duke e konsideruar si anëtar të familjes së tij. Ky ishte fillimi i vëllazërisë Islame. Në ditët e para të Islamit, koha e faljes nuk ishte e caktuar prandaj muslimanët vinin në xhami dhe prisnin aty deri sa të vinte koha e lutjes. I Dërguari (s.a.v.) pyeti se në ç'mënyrë t'u tregojë njerëzve se kishte ardhur koha e faljes. Ai bisedoi me shokët e tij rreth kësaj dhe erdhën deri në dy përfundime: t'i frynin bririt ashtu siç bënin hebrejtë, apo të përdornin këmbana të drunjta siç bënin të krishterët. Pastaj njeriu i quajtur Abdullah ibn Zejd erdhi tek i Dërguari (s.a.v.) dhe i tha se kishte parë një ëndërr, në të cilën një njeri i veshur në të gjelbra mbante në duart e tij një këmbane të drunjtë. Ai i kishte thënë njeriut: "A do të ma shesësh këmbanën tënde që t'i ftoj njerëzit për t'u falur?" Njeriu ishte përgjigjur: "Mënyra më e mirë për t'i ftuar njerëzit që të falen është: "Allahu Ekber", Allahu është më i madhi! katër herë, kurse pastaj "Pohoj se nuk ka Zot tjetër, perveç Allahut." - dy herë.
"Pohoj se Muhamedi është i Dërguari i Allahut." - dy herë.
"Ejani të faleni, ejani të faleni."
Ejani të shpëtoni, ejani të shpëtoni."
"Allahu Ekber, Allahu Ekber."
"Nuk ka Zot tjetër, përveç Allahut!"
Kur i Dërguari i Allahut (s.a.v.) e dëgjoi këtë, tha se kjo është një ëndërr e vërtetë që vjen nga Allahu. Ai thirri Bilalin, i cili kishte një zë të bukur e të fortë, dhe e urdhëroi që vetëm në këtë mënyrë ta ftojë popullin për t'u falur. Bilali veproi kështu dhe ndërkohë edhe Umeri, që doli nga shtëpia, i tha të Dërguarit (s.a.v.) se edhe ai kishte parë të njëjtën ëndërr. I Dërguari iu përgjigj: **"Qoftë i lavdëruar Allahu për këtë!"** .
Thirrja për t'u falur, apo ezani, e cila iu paraqit në ëndërr Abdullah ibn Zejdit dhe të cilën, sipas këshillave të të Dërguarit e bëri Bilali, është e njëjtë që edhe sot dëgjohet nga minaret e xhamive në tërë botën.

BETEJA E BEDRIT

Tërë pasurinë që muslimanët e kishin lënë në Mekë kur shkuan në Medinë, ua morën armiqtë e tyre që kishin mbetur atje. Kështu, kur muslimanët dëgjuan se Ebu Sufjani, njëri nga prijësit e kurejshëve po kthehej me një karvan të mallrave prej Sirie për në Mekë, vendosën se ka ardhur koha që t'i kthejnë prapë disa nga humbjet e tyre. Këtë sulm, muslimanëve ua lejoi vetë i Dërguari (s.a.v.), prandaj ata filluan të përgatiten e me këtë rast u erdhi edhe kjo shpallje:

Në emër të Allahut, të Gjithmëshirshmit, Mëshirëplotit!

"Atyre që po sulmohen me luftë u është dhënë leje të luftojnë për shkak se u është bërë padrejtësi, e Allahu ka fuqi për t'u ndihmuar atyre (muslimanëve)."

(El Haxhxh: 39)

Shpallja u përkujtoi se gjëja më serioze për Allahun është:

"... Pengimi nga rruga e Allahut, mosbesimi ndaj Tij, pengimi nga Xhamia e Shenjtë (Qabja)dhe dëbimi i banorëve të saj nga ajo... E provokimi (kundër muslimanëve) është edhe më I madh se mbytja."

(El-Bekare: 217)

Sidoqoftë, kthimi i të mirave të tyre nuk ishte arsyeja e vetme për ta sulmuar karvanin. Muslimanët nuk mendonin se ata thjesht duhet të mbesin të sigurt në Medinë; ata dëshironin ta përhapin porosinë e Islamit. Menduan se në qoftë se kurejshët duan të jenë të lirë për të bërë tregti, atëherë gjithashtu edhe muslimanët duhet të jenë të lirë që të besojnë në Allahun, të ndjekin të Dërguarin (s.a.v.) e Tij dhe ta përhapin fjalën e Tij. Prandaj menduan se mënyra e vetme dhe më e mirë për t'i detyruar kurejshët që ta kuptojnë këtë, është sulmi mbi atë që më së shumti e çmojnë - pra mbi karvanin. Mirëpo ndërkohë, Ebu Sufjani e kuptoi planin e muslimanëve dhe menjëherë u dërgoi porosi kurejshëve në Mekë, ku i vinte në dijeni për rrezikun që i kanosej karvanit dhe njëkohësisht u kërkoi edhe ndihmë. Si pasojë e kësaj, të gjithë kurejshët erdhën ta mbrojnë karvanin. Ishin rreth njëmijë veta dhe kishin dyqind kuaj. U nisën edhe gratë, që me këngët e tyre të përgëzojnë burrat.

Pa ditur gjë për këto, i Dërguari (s.a.v.) u nis me ithtarët e tij. Ishte muaji i Ramazanit dhe muslimanët agjëronin. Ata ishin vetëm treqind e pesë burra, shumica prej tyre Ensarë, njerëz nga Medineja. Ata kishin me vete tre kuaj dhe shtatëdhjetë deve, mbi të cilat hipnin me ndërrime.

Ata arritën në fushën e Bedrit, që ishte pak më larg nga Medineja, u vendosën kampin e tyre, duke pritur lajme të reja për karvanin. Pastaj dëgjuan se kurejshët janë nisur nga Meka me një ushtri të fortë. Situata papritur ndryshoi. Tanimë, ata nuk kishin të bënin vetëm me sulmin mbi karvanin, atyre u duhej të luftonin edhe me kurejshët.

I Dërguari (s.a.v.) i tuboi njerëzit rreth tij që të bisedonin se ç'duhej të bënin. Së pari Ebu Bekri e pastaj Umeri folën në emër të muslimanëve që kishin ardhur nga Meka. Ata thanë se do t'i zbatojnë urdhërat e të Dërguarit (s.a.v.). Mirëpo i Dërguari (s.a.v.) dëshiroi ta dëgjojë mendimin e Ensarëve, sepse nuk donte t'i detyronte të bënin atë që nuk donin.

Njëri nga udhëheqësit e Ensarëve, Sa'd ibn Mu'adhi, u ngrit dhe tha: "Ne të besojmë ty dhe të betohemi para të gjithëve se ajo që ti e solle ishte e vërteta. Ne ta kemi dhënë fjalën dhe pëlqimin tonë se të të dëgjojmë dhe do t'u bindemi urdhrave tuaja. Pra, nisu nga të duash, ne jemi me ty, madje edhe po të na udhëheqësh drejt e në det." I Dërguari (s.a.v.) u inkurajua shumë nga këto fjalë dhe vendosi që të luftohet. Ebu Sufjani pasi e kuptoi se ku e kishin ngritur muslimanët kampin e tyre, ndërroi drejtimin e karvanit dhe e largoi atë nga kufiri i arritjes së tyre. Pastaj i lajmëroi kurejshët duke u thënë se karvani ishte i sigurt dhe se do të niseshin për në Mekë. Mirëpo, udhëheqësit e kurejshëve ishin njerëz krenarë dhe kokëfortë. Ata refuzuan të kthehen sepse e kishin ndarë mendjen që, me shkatërrimin e muslimanëve t'u tregojnë të gjithëve se sa të fuqishëm janë.

Në Bedër kishte një vadë, apo luginë me burime nga ana e Medinës ku kishin zënë vend muslimanët, duke lënë luginën dhe burimet prapa tyre. Ndërkohë, kurejshët u vendosën në anën tjetër të luginës. Muslimanët groposën një rezervuar, e mbushën me ujë nga njëri prej burimeve dhe e rrethuan. Më pas thanë të gjitha burimet e tjera. Kështu, ata kishin ujë me bollëk për vete, kurse mekasve u duhej të kalonin luginën dhe të luftonin me muslimanët me qëllim që të furnizohen me ujë.

Natën para betejës, kur muslimanët po flinin të qetë, ra një shi i madh.

Në emër të Allahut, të Gjithmëshirshmit, Mëshirëplotit!

"Dhe kur Ai ju kaploi me një kotje (gjumë) që ishte siguri për ju nga ana e Tij, ju lëshoi shi nga qielli për t'ju pastruar me të, largoi prej jush të shtimet e shejtanit, e që të fuqizojë bindjen në zemrat tuaja dhe që t'ju përforcojë me të (me shi) këmbët tuaja."

(El-Enfalë:11)

Të premten në mëngjes, më shtatëmbëdhjetë të Ramazanit, viti 2 i hixhretit (17 mars 623 e.r.), dy ushtritë u nisën dhe iu afruan njëra- tjetrës. Në anën e kurejshëve shiu kishte rënë më i fortë, kështu që kishte zbutur dheun dhe e bënte lëvizjen më të vështirë. Ndërkaq nga ana e muslimanëve shiu e kishte forcuar rërën, kështu që kalimi për ta ishte bërë shumë më i lehtë. I Dërguari (s.a.v.) kërkoi që njerëzit të luftonin të rradhitur nëpër rreshta. Kur po bëheshin gati të nisen, ai vërejti se dikush kishte bërë një hap përpara në krahasim me të tjerët. I Dërguari (s.a.v.) e shpoi lehtë anash me shigjetë duke i thënë: **"Qëndro në vijë!"**
Njeriu që quhej Savad, u përgjigj: "Ti më lëndove, o i Dërguari i Allahut! Allahu të dërgoi ty që të jesh i mirë e i drejtë."
I Dërguari (s.a.v.) ngriti këmishën dhe i tha: " **Më bëj edhe ti të njëjtën gjë.**"
Në vend të kësaj, njeriu iu afrua dhe e puthi duke i thënë: "O i Dërguari i Allahut, ti e sheh se çka na pret, se unë pas betejës ndoshta nuk mbetem gjallë. Nëse ky është takimi ynë i fundit, atëherë kjo është gjëja e fundit në jetë që dua të bëj." Menjëherë pas kësaj, Savadi shkoi të luftojë e vdiq si shehid.
Pasi kontrolloi rradhët, Muhamedi (s.a.v.) shkoi në strehën e ndërtuar prej degëve të palmës, nga e cila mund të udhëhiqte betejën. Me të qëndroi Ebu Bekri, ndërsa disa Ensarë mbetën jashtë që të mbrojnë kasollen. Kur i Dërguari (s.a.v.) e pa ushtrinë e madhe të kurejshëve që me flamujt dhe zhurmën e daulleve po zbriste nga kodra në luginë, filloi të lutet për ndihmën, të cilën Allahu ia kishte premtuar. Këto ishin disa nga fjalët e tij: " **O Allah, ja se ku vijnë kurejshët plot fodullëk e krenari, që Ty të kundërshtuan, ndërsa të Dërguarin Tënd e quajtën gënjeshtar. O Allah, në qoftë se ky grup i vogël (muslimanësh) sot shkatërrohet, atëherë në tokë nuk do të mbesë askush që të të adhurojë Ty.**"

Në emër të Allahut, të Gjithmëshirshmit, Mëshirëplotit!

"Përkujtoni, kur kërkuat ndihmë prej Zotit tuaj, e Ai ju është përgjigjur: "Unë do t'ju ndihmoj me një mijë engjëj që vijnë

një pas një (grup pas grupi). Allahu nuk e bëri atë (ndihmën) për tjetër, vetëm që t'ju gëzojë (t'u japë myzhde) dhe për t'i forcuar (qetësuar) me të zemrat tuaja, pse ndihma në realitet është vetëm prej Allahut. Allahu është mbizotërues dhe i urtë."

(El Enfalë: 9-10)

Beteja në fillim filloi si një përleshje e vetme kur njëri nga kurejshët u betua se do ta pijë ujin nga rezervuari i muslimanëve e pastaj do ta shkatërrojë atë, ose përndryshe do të vdesë. Hamza, xhaxhai i të Dërguarit i doli për ballë dhe e vrau. Pastaj tre njerëz të rëndësishëm të kurejshëve bënë një hap përpara dhe kërkuan dyluftim. I Dërguari (s.a.v.) nxorri Aliun, Hamzanë dhe Ubejd ibn Harithin që të luftojnë me ta. Menjëherë pas kësaj, Hamza dhe Aliu i vranë kundërshtarët e tyre. Sa i përket Ubejdit, ai e kishte plagosur kundërshtarin e tij, por ishte plagosur edhe vetë. Dy shokët e tij e vranë mekasin e plagosur dhe e bartën Ubejdin në vend të sigurt, te rradhët e myslirnanëve.

Pas kësaj dy ushtritë u vërsulën mbi njëra-tjetrën, ndaj lufta u përhap në të gjitha anët. Qielli u mbush me shigjeta. Ushtria muslimane e mbrojti tokën e vet përballë ushtrisë së madhe të kurejshëve, dhe, edhe pse muslimanët ishin me të paktë në numër, ata arritën një fitore të madhe, duke e shkatërruar kështu ushtrinë e mekasve dhe duke vrarë shumë prej prijësve të tyre. Ndër ta ishin edhe Ebu Xhehli dhe Umejjeh ibn Halefi, i cili u vra nga robi i vet i mëparshëm Bilali. Kur e panë se gati të gjithë udhëheqësit e tyre u vranë, pjesa tjetër e kurejshëve u tërhoq.

I Dërguari (s.a.v.) çoi fjalë në Medinë që t'u tregojnë për fitoren. Pastaj i mblodhi plaçkat e luftës dhe i ndau ndërmjet muslimanëve në mënyrë të barabartë. Disa nga mekasit u zunë rob, ndërsa i Dërguari (s.a.v.) urdhëroi që ata të trajtohen mirë, derisa farefisi i tyre nga kurejshët të shkojë e t'i marrë.

Në emër të Allahut, të Gjithmëshirshmit, Mëshirëplotit!

"Ju nuk i mbytet (në të vërtetë) ata, por Allahu (me ndihmën që ua dha) i mbyti ata, dhe ti nuk i gjuajte (në të vërtetë) kur i gjuajte ata, por Allahu (të ndihmoi) i gjuajti, e (bëre këtë) për t'I shpërblyer besimtarët me një dhunti të mirë nga ana e Tij. Allahu dëgjon dhe di gjithçka."

El-Enfalë:17)

UHUDI - DISFATA VJEN NGA MOSBINDJA

Kurejshët që mbetën të gjallë në betejën e Bedrit u kthyen ne Mekë dhe u tubuan të bisedojnë me Ebu Sufjanin. Ata i thanë:
"Muhamedi na i vrau njerëzit më të mirë, prandaj ndihmona të luftojmë me të dhe të hakmerremi për humbjet tona. Për ta mundësuar këtë, ata ranë dakort që secili të japë nga aq të holla sa kushton pjesa e tij e mallrave të karvanit, dhe për këtë të mbulojnë shpenzimet e një ushtrie të re, e cila do të ishte tri herë me e madhe se sa ajo në Bedër.

Në mesin e atyre qe iu bashkuan ushtrise se re, ishte edhe robi abisinas Vahshiu, i cili njihej si eshtar shumë i saktë. I zoti i tij, Xhubejr ibn elMut'im, i tha: "Nisu me ushtrinë, dhe kur ta vrasësh Hamzanë, xhaxhain e Muhamedit, e me këtë i shpaguhesh për vdekjen e xhaxhait tim, atëherë do të të liroj." Gjithashtu, edhe Hinda, gruaja e Ebu Sufjanit, e porositi Vahshiun se do ta veshë me ar dhe me mëndafsh nëse e plotëson dëshirën e të zotit, sepse edhe ajo e dëshironte vdekjen e Hamzait, i cili i kishte vrarë babanë dhe vëllanë.

Ndërkohë që mekasit bënin planet e tyre, Abbasi, njëri nga muslimanët e pakët që jetonin në Mekë, i dërgoi një letër të Dërguarit (s.a.v.) në Medinë ku e paralajmëroi për rrezikun që po vinte. Ai i tregoi se kurejshët po dërgonin një ushtri të madhe në Uhud, një vend jo fort larg Medines. Duke e kuptuar rrezikun me kohë, i Dërguari (s.a.v.) i mblodhi shokët rreth tij që të bisedojnë se ç'duhet të bënin. Ai mendoi se do të ishte më mirë që ta presin armikun brenda në qytet se sa të dalin e ta presin jashtë, sepse mbrojtja e Medines ishte më e lehtë brenda mureve të saj. Mirëpo muslimanët e rinj ishin të etshëm për të dalë jashtë e për t'u ballafaquar me kurejshët. Ata thanë: "O i Dërguari i Allahut, na prij kundër armiqve tanë, përndryshe ata do të mendojnë se jemi frikacakë dhe të dobët që të luftojmë me ta."

Sidoqoftë edhe Abdullah ibn Ubejj, njëri nga udhëheqësit e Medines, ra dakord me të Dërguarin (s.a.v.) dhe e këshilloi që të mbesin në qytet, duke thënë: "Kurdoherë që kemi dalë për ta luftuar armikun, kemi pësuar katastrofë, ndërkohë që të gjithë që kanë ardhur tek ne kanë pësuar disfatë." Mirëpo, kur i Dërguari (s.a.v.) e pa se shumica ishte për të dale e për t'u takuar jashtë qytetit, atëherë edhe ai u pajtua me ata, ndaj pasi fali xhumanë, mori armët me vete. Pastaj rreth njëmijë muslimanë u nisën drejt malit Uhud që gjendej mbi Medine. Armiku ishte vendosur në rrëzë të malit dhe ishte shtrirë nëpër të mbjellat e muslimanëve.

Abdullah ibn Ubejji ishte shumë i zemëruar përse i Dërguari (s.a.v.) nuk e kishte dëgjuar këshillën e tij, dhe pas kalimit të një pjese të rrugës, u kthye prap në Medine, duke marrë me vete një të tretën e ushtrisë. Pas kësaj, të

Dërguarit (s.a.v.) i mbeti që me shtateqind veta të përballojë ushtrinë e madhe të mekasve që numëronte tre mijë frymë.

Ushtarët që mbetën me të, e vazhduan rrugën derisa arritën në malin Uhud. Atje, i Dërguari (s.a.v.) u tha të qëndrojnë në rradhë me qëllim që të mbrohen nga prapa. Pastaj, rreth pesëdhjetë shigjetarë i këshilloi si vijon: "**Me shigjetat tuaja t'i mbani kalorësit e mekasve larg prej nesh dhe mos t'i lejoni të na sulmojnë nga prapavija, pa marrë parasysh se si do të jetë fati i betejës. Çka do që të ndodhë, ruani pozitat tuaja në mënyrë që të mos kenë mundësi të na sulmojnë nga ana e juaj, madje edhe sikur të shihni se na vrasin apo na plaçkisin."**

Kur muslimanët i zunë pozitat e veta, i Dërguari (s.a.v.) e ngriti shpatën dhe tha: " **Kush do ta përdorë këtë shpatë me drejtësinë e saj?"** Ky ishte një nder i madh dhe shumë veta u paraqitën që ta bëjnë këtë, mirëpo i Dërguari (s.a.v.) vendosi që t'ia japë Ebu

Duxhanës, një luftëtari sypatrembur. Pas kësaj, lufta filloi.

Muslimanët ishin të organizuar shumë mirë dhe kishin përparësi, kundrejt numrit katër herë më të madh të kurejshëve që ishin shumë të lodhur nga rruga e gjatë dhe kështu nuk ishin të gatshëm që t'i bëjnë ballë një sulmi të rrufeshëm, të cilin e udhëhiqte Ebu Duxhane, i cili mbante një turban të kuq e të shkëlqyer.

Me zhvillimin e luftës, gratë e kurejshëve, të cilat i udhëhiqte Hindi, filluan t'u bien daulleve, me qëllim që t'u japin zemër burrave të tyre. Ato recitonin edhe poezi, vetëm e vetëm që t'i inkurajojnë burrat e tyre.

> **"Në qoftë se përparoni, ne do t'ju përqafojmë dhe nën**
> **ju do të shtrojmë qilima të butë. Në qoftë se tërhiqeni,**
> **do t'ju lëmë e kurrë nuk do t'ju dashurojmë."**

Ebu Duxhane rrëfente: "Unë pashë një njeri që e nxiste armikun dhe ulërinte si egërsirë dhe iu vërsula, mirëpo kur nxorra shpatën ai filloi të bërtasë dhe atëherë pashë se ajo ishte grua; atëherë respektova fjalën e të Dërguarit (s.a.v) që të mos e përdor shpatën mbi gratë." Ajo grua ishte Hindi. Si zakonisht, edhe Hamza, xhaxhai i të Dërguarit, luftoi me trimëri të rrallë, mirëpo duke i udhëhequr muslimanët në sulmin më të rreptë, që gati sa nuk i shkatërroi mekasit, ai në një moment u godit dhe u rrëzua në tokë nga robi Vahshi. Më vonë Vahshi do të tregonte se si kish ndodhur e tërë kjo: " Unë e shihja se si Hamza i vriste njerëzit me shpatë. Unë...e bëra gati shtizën dhe kur u sigurova se do ta qëlloj, u hodha mbi të. Ai u drejtua nga unë, mirëpo e humbi vetëdijen dhe ra përdhe. E lashë aty derisa vdiq, e pastaj shkova dhe e mora shtizën prapë. Pas kësaj u ktheva në kamp, sepse nuk dëshiroja më të vrisja tjetër kënd veç tij. Qëllimi im ishte të vras vetëm atë dhe në këtë mënyrë të fitoj lirinë time."

Së shpejti, luftëtarët kurejshë u shpërndanë dhe u detyruan të tërhiqen. Kjo la përshtypjen sikur ata po pësonin disfatë. Me të pare këtë, dyzet shigjetarë muslimanë që gjendeshin në majë të malit, i lëshuan pozitat e veta vetëm e vetëm që të plaçkisin, sepse kurejshët kishin lënë pas vetes shumë gjëra. Shigjetarët vrapuan të mbledhin gjithçka që gjetën, duke i harruar kështu urdhërat e Muhamedit (s.a.v.).

Halid ibn Velidi, konmandanti i kalorësve kurejshë, pasi vërejti situatën luftarake të momentit, menjëherë i urdhëroi njerëzit e tij që të kthehen dhe t'i sulmojnë muslimanët pas shpine. Muslimanët u befasuan në tërësi. Pastaj kurejshët filluan të sulmojnë njëkohësisht nga të dy anët. Shumë muslimanë u vranë dhe në vend që ta fitojnë betejën, filluan ta humbin.

Që të shtohej çoroditja, armiku hapi fjalë se ishte vrarë edhe Muhamedi (s.a.v.). Dhe vërtet, kur e dëgjuan këtë muslimanët, e humbën krejt toruan. Pastaj një njeri që quhej Enes thirri: "Vëllezër! Në qoftë se Muhamedi (s.a.v.) është vrarë, atëherë ç'ju duhet jeta pa të? Mos mendoni më për jetën apo vdekjen. Luftoni për Allahun. Ngrihuni dhe vdisni ashtu siç vdiq Muhamedi (s.a.v.)!" Me të dëgjuar këto fjalë, muslimanëve iu rikthye guximi.

Mbi pozicionet e muslimanëve që udhëhiqeshin nga i Dërguari (s.a.v.) u kryen disa sulme të kalorësisë, prej të cilave ai mori edhe një plagë të rëndë në fytyrë. Kur mekasit përsëri iu afruan, ai bërtiti: **"Kush do ta japë jetën e tij për ne?".** Atëherë u ngritën pesë Ensarë dhe luftuan derisa u vranë. Sidoqoftë vendet e tyre u plotësuan nga muslimanë të tjerë që i zmbrapsën sulmuesit. Në mesin e mbrojtësve muslimanë ishte Ebu Duxhane, i cili me krahët e tij e mbërtheu të Dërguarin (s.a.v.) dhe u bë mburojë e gjallë. Gjatë tërë kohës së betejës ai e mbronte të Dërguarin (s.a.v.), mirëpo, me vazhdimin e luftimeve, ai papritmas ra. Ebu Duxhane kishte vdekur nga shigjetat e shumta në shpinën e tij, e cila nuk lejoi që ato të depërtonin për tek i Dërguari (s.a.v.).

Me disfatën e muslimanëve, më në fund edhe kurejshët u shpaguan. Posa lëshuan fushëbetejën, Ebu Sufjani ftoi njerëzit e vet dhe u tha: "Luftuat mirë, fitorja dhe fati i luftës ndërron - sot u muar koka për Bedrin!"

Kur e dëgjoi këtë, i Dërguari (s.a.v.) i tha Umerit që t'i përgjigjet në këtë mënyrë: **"Allahu është më i Madhi dhe më i Lëvduari. Ne nuk jemi të njëjtë. Të vdekurit tanë janë në xhenet, ndërsa të vdekurit tuaj në xhehenem!"** Pastaj ushtarët muslimanë i ndoqën pas kurejshët që ishin duke u larguar, derisa u siguruan se ata nuk do ta sulmojnë Medinen.

Pas largimit të armikut, i Dërguari (s.a.v.) bëri një kalim nëpër fushëbetejë që të shohë sasinë e humbjeve të muslimanëve. Shumë prej muslimanëve më të besueshëm ishin vrarë. Në mesin e të vrarëve, i Dërguari (s.a.v.) gjeti edhe kufomen e xhaxhait dhe mikut të tij më të mirë Hamzait, të cilin e kishte vrarë robi Vahshi. Kur e pa këtë, i Dërguari (s.a.v.) tha: **"Kurrë më nuk do të ketë çast më të pikëllueshëm për mua se sa ky."** Safija, e motra e Hamzait erdhi duke u lutur e duke kërkuar falje për të vëllanë, dhe tha: " Ne i takojmë Allahut dhe Allahut do t'i kthehemi."

Pas lutjes, të cilën i Dërguari (s.a.v.) e bëri për të vdekurit e shumtë, ai tha: " **Po ju them se askush nuk është lënduar në kauzën e Allahut, sepse Allahu do ta mbajë mend atë dhe në Ditën e Gjykimit do ta ngjallë nga të vdekurit. Kërkoni atë që më së shumti e ka lexuar Kuranin dhe varroseni në krye të shokëve të tij."** Ata u varrosën pikërisht aty ku ranë shehidë. Allahu për ata thotë:

Në emër të Allahut, të Gjithmëshirshmit, Mëshirëplotit!

> *"Kurrsesi të mos mendoni se janë të vdekur ata që ranë dëshmorë në rrugën e Allahut. Përkundrazi, ata janë të gjallë duke u ushqyer te Zoti i tyre. Janë të gëzuar me atë që u dha Allahu nga të mirat e Tij, dhe atyre që kanë mbetur ende pa iu bashkuar radhëve të tyre, u marrin myzhde se për ta nuk ka as frikë dhe as që kanë pse të brengosen."*

(Ali lmran: 169-170)

Thuhet se Muhamedi (s.a.v.) është betuar se asnjë musliman që ka rënë për besimet e tij nuk do të dëshironte të kthehej prap në jetë as për një orë të vetme, madje edhe po t'ia jepnin tërë botën, përveç se atëherë kur mund të kthehet e të luftojë për Allahun dhe të vritet për së dyti. Muslimanët e kuptuan se disfata e tyre u shkaktua nga mosbindja ndaj të Dërguarit (s.a.v.).

Kurani thotë se në Uhud, Allahu i vuri muslimanët në sprovë, në të cilën edhe dështuan, megjithatë Allahu atyre ua fali dobësinë.

Në emër të Allahut, të Gjithmëshirshmit, Mëshirëplotit!

> *"Askush nuk vdes pa lejen dhe vullnetin e Allahut. Ai është shënim i afatit të caktuar. E kush e dëshiron shpërblimin e kësaj bote, Ne atij ia japim, e kush dëshiron shpërblimin e botës tjetër, edhe atij do t'ia japim atë, kurse mirënjohësit Ne do t'i shpërblejmë."*

(Ali lmran:145)

Njerëzit e sotëm do të duhej të nxjerrin mësime nga mësimet, të cilat muslimanët e hershëm i nxorrën në Uhud. Disfatën e tyre e shkaktoi mosbindja ndaj Pejgamberit (s.a.v.) dhe dashuria për gjërat e kësaj bote. E njëjta gjë mundet të na ndodhë edhe neve. Edhe pse nuk kemi beteja *siç* ishte ajo e Uhudit, ne akoma mund të vdesim për hir të Allahut, dhe atë duke e luftuar të keqen që kemi brenda.

Kur u kthye nga beteja, Pejgamberi (s.a.v.) u tha njerëzve të tij: "**Ne u kthyem nga lufta më e vogël drejt luftës më të madhe.**" Me këtë, ai nënkuptonte se beteja më e vështirë është përpjekja, të cilën çdo qënie njerëzore e bën vetëm e vetëm që të përmirësohet.

BETEJA E HENDEKUT

Kur Pejgamberi (s.a.v.) për herë të parë arriti në Medine, hebrejtë që ishin atje i uruan mirëseardhjen. Pejgamberi (s.a.v.) ua ktheu përshëndetjet, sepse dëshironte që të kishte marrëdhënie të mira me ta. Gjithashtu u arrit edhe një pajtim midis hebrejve dhe muslimanëve, i cili të parëve u dha lirinë që të ushtrojnë fenë e tyre dhe u nxorri në shesh të drejtat dhe detyrat e tyre. Sa u përket detyrave që kishin, ishte edhe ajo se në rast lufte me kurejshët, hebrejtë do të duhej të luftonin në anën e muslimanëve.

Mirëpo përkundër kësaj, disa nga fiset hebreje, që nuk e dëshironin praninë e Pejgamberit në Medine, së shpejti filluan të shkaktojnë trazira në mesin e muslimanëve. Ata u përpoqën që t'i fusin në grindje Muhaxhirët nga Meka dhe Ensarët. Disa herë ua tërhoqën vëmendjen, por ata vazhdonin të bënin gjëra të papëlqyeshme. Më në fund muslimanët nuk patën rrugëdalje tjetër dhe u detyruan t'i largojnë nga Medina. Hebrejve që mbetën u ofruan të jetojnë në paqe, mirëpo përsëri shqetësimet nuk përfunduan. Njëri nga fiset hebreje, Benu Nadirët, përgatiti një komplot për vrasjen e Pejgamberit (s.a.v.), mirëpo plani i tyre u zbulua dhe ata u përzunë nga qyteti.

Kur e panë se vetë nuk do të mund t'ia dilnin në krye me muslimanët, atëherë disa nga udhëheqësit e dëbuar hebrenj shkuan në Mekë që të kërkojnë ndihmë nga kurejshët. Duke e ditur mirë se ç'ka donin mekasit, ata shtireshin sikur besonin në gjëra të njëjta. Ata u thanë atyre se tradita e vjetër arabe ishte shumë më e mirë se mësimet e Pejgamberit Muhamed (s.a.v.) dhe se feja e adhurimit të disa idhujve që praktikonin kurejshët, ishte më e mirë se ajo e Pejgamberit (s.a.v.), që adhuronte vetëm një Zot. Pastaj hebrejtë u thanë atyre se, në qoftë se të gjitha fiset arabe e sulmojnë Medinen, atëherë hebrejtë brenda qytetit do t'u ndihmonin ata që ta mundin Pejgamberin (s.a.v.) dhe Islamin njëherë e përgjithmonë.

Prijësit u kënaqën kur e dëgjuan këtë dhe pasi e konsideruan si rast të mirë, filluan të mblidhen e të formojnë një ushtri. Nga ana tjetër, në Medine kishte mbetur vetëm një fis hebre, ai i Benu Kurejdhes, që kishte refuzuar t'i tradhëtojë muslimanët.

Muslimanët rastësisht kuptuan për përgatitjet e luftës që bëheshin në Mekë dhe për komplotin e hebrejve brenda Medines. Tradhtia e hebrejve ndaj muslimanëve nuk e befasoi Pejgamberin (s.a.v.), i cili u tha: **"Zemrat e hebrejve janë të mbyllura për të vërtetën. Ata kanë harruar se çka u tha Musai shumë kohë më parë - se ka vetëm një Zot."**

Në emër të Allahut, të Gjithmëshirshmit, Mëshirëplotit!

"Shembulli i atyre, që janë obliguar me Tevrat, dhe nuk e zbatojnë atë, është si shembulli i ndonjë gomari që bart libra. Shembull i keq, është shembulli i popullit që përgënjeshtroi ajetet e Allahut, e Allahu nuk udhëzon në rrugë të drejtë popullin jobesimtar."

(El Xhumu'a: 5)

Muslimanët mendoheshin se në ç'mënyrë ta mbrojnë Medinen. Ata dëgjuan se po vinte Ebu Sufjani që t'i sulmojë me një ushtri të madhe, në të cilën, përveç kurejshëve kishte edhe pjestarë të fiseve të tjera arabe. Ç'*të* bënin më parë brenda javës që u kishte mbetur? Pejgamberi (s.a.v.) dhe njerëzit e tij e dinin se ishte e pamundur që të luftojnë kundër të gjitha fiseve menjëherë! Të vetmen gjë që ishin në gjendje të bënin ishte që të mbeteshin brenda qytetit dhe të përpiqeshin ta mbronin atë ashtu siç do të mundnin më mirë.

Në Medine jetonte edhe një persian me emrin Selman, i cili kishte ardhur të jetonte në këtë qytet edhe para ardhjes së Pejgamberit. Pasi ishte bërë i krishterë, ai kishte ardhur në Medine, sepse një sagë i krishterë i kishte thënë se në arabi do të lind një Pejgamber. Kur arriti në Medine, ai u shit si rob nga ana e tregtarëve me të cilët kishte udhëtuar së bashku. Më vonë u bë musliman dhe kështu fitoi lirine e u bë anëtar i familjes së Pejgamberit (s.a.v.).

Kur njerëzit u mblodhën të bisedojnë për planin se si t'i kundërvihen armikut që po afrohej, aty qëlloi edhe Selmani, i cili propozoi që rreth e përqark qytetit të hapet një hendek. Kjo ide i pëlqeu Pejgamberit (s.a.v.), kështu që muslimanët edhe pse ishte mesi i dimrit, iu përveshën punës. Ata punuan ditë e natë, vetëm e vetëm që të hapnin hendekun për një kohë sa më të shkurtër. Vetë Pejgamberi (s.a.v.) mbante gurë dhe i inkurajonte të tjerët kur lodheshin. Më vonë dikush rrëfente se sa i bukur dukej, i veshur me mantel të kuq e i pluhurosur dhe me flokë të zinj që i arrinin deri te supet.

Asokohe kishte pak ushqim dhe njerëzit ishin më shumë të uritur sesa të ngopur. Një herë, një vogëlushe i dha Pejgamberit (s.a.v.) disa hurma, kurse ai i derdhi mbi një batanije. Pastaj thirri të tjerët dhe i ftoi të hanë. Ndërkohë numri i hurmave filloi të rritet vazhdimisht derisa u ngopën të gjithë. Edhe pasi hëngrën të gjithë, hurmat akoma shtoheshin dhe erdhi një moment kur batanija nuk i zinte dot më.

Njësoj është përhapur tek ne edhe rrëfimi për qingjin, nga një njeri që ka punuar atje.

"Ne punonim në hendek së bashku me të Dërguarin. Unë kisha një qengj gjysmë të rritur dhe mendova se do të ishte një gjë e mirë, në qoftë se atë e përgatitja për Pejgamberin e Allahut. I thashë gruas që të bluajë elbin dhe të na pjekë ca bukë. E therra qengjin dhe e poqa për Pejgamberin (s.a.v.). Kur ra nata dhe përgatitej që ta braktise hendekun, unë i thashë se në shtëpi kam përgatitur bukë e mish dhe e ftova të vijë për darkë. Unë desha që të vijë vetë, mirëpo ai dërgoi dikë që të thërrasë edhe të tjerët. Erdhën të gjithë dhe darka u shtrua. Ai e bekoi dhe falenderoi Allahun për atë ushqim. Pastaj filloi të hajë e ashtu bënë edhe të tjerët. Kur këta hëngrën, erdhi grupi tjetër i puntorëve, derisa më në fund u ngopën të gjithë, kurse ushqimi nuk kishte të sosur.

Më 24 mars, 627 e.r., arriti Ebu Sufjani me më se dhjetë mijë njerëz. Kurejshët dhe aleatët e tyre e rrethuan Medinen, mirëpo ndërmjet dy ushtrive ishte hendeku i gjate dhe mjaft i gjerë. Pejgamberi (s.a.v.) dhe njerëzit që qëndronin prapa hendekut, për afër një muaj e mbrojtën qytetin nga armiku i tyre që ishte shumë më i fortë. Ushtarët e armikut disa herë u përpoqën që ta kalojnë hendekun dhe të hyjnë në qytet, mirëpo çdoherë zbrapseshin sepse, në qoftë se dikush arrinte ta kalonte hendekun, atëherë atyre do t'u bashkoheshin edhe hebrejtë që gjendeshin brenda në Medinë, dhe kështu muslimanët do të pësonin disfatë. Fisi hebre i Benu Kurejdhës, i cili qëndronte në marrëveshjen që kishte bërë me muslimanët, kishte shumë presion nga emisarët hebrej të armikut të jashtëm, që ta shkelë premtimin e dhënë.

Rastësisht, ata vendosën që ta bëjnë këtë, dhe kur të tilla lajme arritën në veshin e Pejgamberit (s.a.v.) dhe të shokëve të tij, ata u shqetësuan shumë. Pejgamberi (s.a.v.) i tha Sa'd ibn Mu'adhit, të fisit Evs dhe dy njerëzve të tjerë që të shkojnë e ta shohin të vërtetën rreth tërë kësaj. Kur arriten në pjesën e Medinës ku jetonin hebrejtë, ata zbuluan se gjërat qëndronin edhe më keq se sa u dukej me shikimin e parë. Sa'd ibn Mu'adhi, fisi i të cilit ishte shumë i afërt me atë të benu Kurejdhës, u përpoq ta bindë udhëheqësin e tyre që të mos e shkelë marrëveshjen e bërë me muslimanët, mirëpo ai as që donte të dëgjonte për këtë. Kjo nënkuptonte se muslimanët për asnjë çast nuk duhej t'i lejonin vetes pushim, sepse tani kërcënimi nuk vinte vetëm nga armiku prapa hendekut, por edhe nga Beni Kurejdhët që gjendeshin brenda mureve të qytetit.

Kohët vështirësoheshin nga dita në ditë. Bënte shumë ftohtë dhe filloi të ndihet edhe mungesa e ushqimit. Aq më tepër, edhe Benu Kurejdhët filluan haptazi t'i bashkojnë fuqitë me hebrejtë e tjerë dhe t'ua ndërpresin muslimanëve furnizimet, ku më i rëndësishmi ishte ushqimi. Pastaj, armiqtë e Islamit u morën vesh se në ç'mënyrë ta pushtojnë Medinen.

Gjendja ishte dëshpëruese, ndaj Pejgamberi (s.a.v.) i lutej Allahut që t'i ndihmojë muslimanët për të mundur armikun e tyre. Atë natë fryu një stuhi e fortë që i shkatërroi tendat e kurejshëve. Stuhia zgjati tri ditë e tri netë dhe nuk e linte armikun as të ndizte zjarr për t'u ngrohur apo për të përgatitur ushqimin.

Në një mbrëmje të këtillë, Pejgamberi (s.a.v.) i kërkoi njeriut të tij, Hudhejfe ibn el Jemani, të shkojë në një mision të rrezikshëm. Pejgamberi (s.a.v.) i tha të kalojë hendekun, të shkojë te kampi i armikut dhe të kuptojë se ç'kanë ndërmend të bëjnë.

Me shumë vështirësi, Hudhejfe e kaloi hendekun dhe iu afrua një grupi të kurejshëve, që ishin duke biseduar në errësirë. Ai dëgjoi zërin e Ebu Sufjanit: "Të shkojmë në shtëpi!", tha ai. "Mjaft më. Kuajt dhe devet janë duke na ngordhur, tendat na i shkatërroi era, pjesa dërrmuese e pajisjeve na ka humbur, kurse ne nuk mund të përgatisim as ushqim. Nuk ka asnjë arsye që të rrimë më"

Mirëpo, me këtë vështirësi nuk përfundoi, sepse meleku Xhibril erdhi tek Pejgamberi (s.a.v.) dhe i tha që ta dënojë Benu Kurejdhën për tradhtinë e bërë ndaj muslimanëve. Me të dëgjuar këtë, Pejgamberi (s.a.v.) i urdhëroi muslimanët që të marshojnë kundër Benu Kurejdhës, të cilët ishin fortifikuar në fortesën e tyre. Muslimanët i rrethuan për njëzet e pesë ditë me rradhë, pas së cilësmë në fund ata u dorëzuan. Duke qenë të rrethuar, ata e luten Pejgamberin (s.a.v.) t'i lejojë dikujt që ta gjykojë rastin e tyre, gjë me të cilën ai ra dakord. Ai gjithashtu u lejoi që ta zgjedhin vetë njeriun që do të bënte këtë.

Njeriu i zgjedhur për të gjykuar Benu Kurejdhët ishte Sa'd ibn Mu'adhi, udhëheqësi i fisit të Evsit, i cili i kishte mbrojtur përherë Kurejdhët në të kaluarën. Sa'd ibn Mu'adhi, i cili edhe vetë ishte plagosur në luftë, vendosi që hebrejtë të trajtohen sipas Ligjit të tyre të Shenjtë, i cili për atë që e shkel marrëveshjen, parashihte dënim me vdekje. Si pasojë e kësaj, burrat e Benu Kurejdhës u ekzekutuan, ndërsa gratë dhe fëmijët u shndërruan në robër.

Në qoftë se hebrejtë arrinin sukses në paktin e tyre, atëherë Islami do të shkatërrohej. Në vend të kësaj, prej asaj dite Medina u bë qendër ku do të jetonin vetëm muslimanët.

Fill pas vendosjes së paqes, nga plagët e marra, vdiq edhe Sa'd ibn Mu'adhi. Thuhet se meleku Xhibril ka ardhur atë mesnatë dhe i ka thënë Pejgamberit (s.a.v.): **"O Muhamed, cili është ky njeri i vdekur? Kur ai arriti, dyert e qiellit u hapën, ndërsa froni i Allahut u lëkund."** Posa dëgjoi këtë, Pejgamberi (s.a.v.) u ngrit, mirëpo vërejti se Sa'di tashmë kishte vdekur. Megjithëse ishte njeri i rëndë, atyre që e bartën drejt varrit iu duk shumë i lehtë. Atyre u tha se engjëjt po u ndihmojnë. Kur u varros, Pejgamberi (s.a.v.) tha tri herë: **"Subhanallah!" (Lavdi Allahut) dhe Allahu Ekber!"**
(Allahu është më i Madhi!) I pyetur përse e bëri këtë, ai u përgjigj: **"Varri ishte i ngushtë për këtë njeri të mirë, derisa Allahu nuk ia lehtësoi atë."**

Ky është njëri nga shpërblimet që Allahu ua jep shehidëve dhe muslimanëve të mirë.

MARRËVESHJA E HUDEJBIJES

Kurejshët janë përpjekur ta shkatërrojnë Islamin, mirëpo çdoherë kanë dështuar. Numri i muslimanëve u shtua dhe ushtritë e tyre arrinin prej treqind vetave në luftën e Bedrit, shtatëqind në betejën e Uhudit e deri në njëmijë në betejën e hendekut.

Pas agjërimit vjetor të Ramazanit, Pejgamberi (s.a.v.) pa një ëndërr, në të cilën iu tregua se muslimanët duhet të shkojnë në Mekë për haxh. Një mijë e katërqind muslimanë u bënë gati që të nisen me të për të shkuar në haxhin më të vogël, të quajtur "Umre". Ata u veshën me të bardha dhe shkuan të paarmatosur, me qëllim që t'u tregojnë kurejshëve se kanë ardhur për haxh, e jo për luftë. Kur dëgjuan kurejshët se Pejgamberi (s.a.v.) ishte nisur në rrugë, ata i dërguan trupat e tyre me Halid ibn Velidin në krye, që muslimanëve t'ua ndalojnë hyrjen në qytet.

Për t'iu shmangur takimit me këtë ushtri, Pejgamberi (s.a.v.) e ndërroi drejtimin e udhëtimit dhe i udhëhoqi njerëzit nëpër ngushticat shkëmbore të maleve. Kur arritën në një vend më të mirë, ai iu drejtua atyre: **"Thoni, ne e lusim Allahun për mëshirë dhe pendohemi para Tij."** Në Hudejbije, në jug të Mekës, deveja e Pejgamberit (s.a.v.) ra në gjunjë dhe refuzoi të shkojë më tutje. Muslimanët kujtuan se ajo e bëri këtë nga kokëfortësia apo nga lodhja, mirëpo Pejgamberi (s.a.v.) u tha: "E **njëjta fuqi, e cila e ndali edhe një herë elefantin të hyjë në Mekë, tani na ndal edhe ne!"** Ai pastaj urdhëroi që aty të ngrenë kampin, gjë që edhe u bë, por megjithatë të gjithë shpresonin se të nesërmen do të mund ta vazhdonin udhëtimin drejt Qabes së Shenjtë.

Duke vendosur kampin, besimtarët u tmerruan kur panë se pothuajse të gjitha burimet kishin shterrur. Kur Pejgamberi (s.a.v.) e dëgjoi këtë, i tha njeriut të quajtur Naxhijeh që të marrë një tas me ujë, të cilin e përdorte për nevojat e veta, ta vërë në një vrimë prej nga dilte një vrushkull i vogël uji dhe ta përziejë me shigjetat e veta. Naxhijeh veproi ashtu dhe në moment, papritmas doli ujë i freskët në atë masë, saqë nuk pati kohë të largohet e të mos laget.

Te kurejshët u dërguan lajmetarë për t'u treguar atyre se muslimanët kanë ardhur vetëm për haxh, të adhurojnë Allahun dhe të vizitojnë Qaben e Shenjtë dhe se dëshironin të hynin në paqe në qytet. Mirëpo, kurejshët nuk ua vunë veshin. Në fund, muslimanët zgjodhën dhëndërrin e Pejgamberit (s.a.v.), Uthman ibn Affanin, një njeri të urtë e të ndershëm, që të shkojë në Mekë e të përgjojë, ndërsa ata do të rrinin në pritje të lajmeve të reja. Pas një pritjeje të gjatë, muslimanët filluan të brengosen. Menduan edhe se ndoshta e kanë vrarë. Pejgamberit (s.a.v.) i erdhi një lajm i ngjashëm me atë të shpalljes. Ai i mblodhi muslimanët nën hijen e një akacieje dhe kërkoi prej tyre që t'i betohen për besnikëri, gjë që ata e bënë menjeherë. Ky pakt, që përmendet edhe në Kuran, njihet nën emrin Marrëveshja e Ridvanit (xhenetit). Menjëeherë pas kësaj, Uthman ibn Affani u kthye gjallë e shëndoshë dhe kështu muslimanët u lehtësuan shumë kur e panë se nuk i kishte ndodhur asnjë e keqe.

Disa luftëtarë mekas u përpoqën ta sulmojnë kampin e muslimanëve, mirëpo u zunë dhe u sollën para Pejgamberit (s.a.v.), i cili i fali pasi ata i premtuan se nuk do t'i sulmojnë kurrë më muslimanët. Menjëherë pas kësaj, nga ana e kurejshëve erdhën biseduesit zyrtarë, me qëllim që të fillojnë negociatat për vendosjen e paqes. Nga ana e tyre mekasit dërguan Suhejl ibn Amrin. Kur Pejgamberi (s.a.v.) i tha Aliut që në krye të faqes të shkruajë **"Në emër të Allahut, të Gjithëmëshirshmit, Mëshirëplotit!"**, Suhejii u ankua duke thënë: "Shkruaj vetëm "Bismike Allahume (me emrin Tënd, o Allah). Unë nuk e pranoj atë si err-Rrahman (i Gjithëmëshirshëm) dhe err-Rrahim (Mëshirëplotë)".

Pejgamberi (s.a.v.) ra dakord dhe vazhdoi: **"Kjo është një marrëveshje ndërmjet Muhamedit, të Dërguarit të Allahut dhe Suhejl ibn Amrit."**

"Ndalu!", bërtiti Suhejii. "Unë nuk besoj se ti je Resulullah (I Dërguari i Allahut). Po të mendoja se je Pejgamber i Allahut, atëherë unë nuk do të luftoja kundër teje, apo jo?"

Pejgamberi (s.a.v.) në heshtje pranoi që emri i tij të figurojë si Muhamed, i biri i Abdullahut. Muslimanët u shqetësuan shumë nga kjo, ndërsa Umeri bërtiti: " A nuk je ti Pejgamberi i Allahut dhe a nuk jemi ne muslimanë? Si ta pranojme një marrëveshje të tillë kur ne jemi në rrugë të drejtë, ndërsa ata gabojnë? Kjo do t'i shtyjë njerëzit që të tallen me fenë tonë!"

Mirëpo, Pejgamberi (s.a.v.) e dinte se ç'ishte më e mira, prandaj Marrëveshja e Hudejbijes më në fund u nënshkrua. Në bazë të kësaj marrëveshjeje të dyja palët u zotuan që t'i ndërpresin zënkat mes tyre brenda një periudhe dhjetëvjeçare. Gjithashtu u arrit pajtimi që muslimanët të kthehen menjëherë në Medine, por me të drejtë që vitin e ardhshëm përsëri të mund të shkojnë në haxh. Ky haxh do të zgjaste tri ditë. Si shtojcë e marrëveshjes ishte edhe e drejta e muslimanëve që të mund ta braktisin Islamin dhe të kthehen në Mekë. Ajo gjithashtu u lejonte mekasve që të kenë të drejtën për t'u bërë muslimanë. Muslimanët ranë dakord që t'i kthejnë prapa në Mekë ata, të cilët nuk e kanë pasur lejen e mbrojtësve të tyre.

I biri i Suhejlit kishte ardhur me të atin, me qëllim që t'i bashkëngjitet Pejgamberit (s.a.v.), mirëpo pas nënshkrimit të marrëveshjes, u detyrua të kthehet në Mekë. Ai u hidhërua shumë. Pejgamberi (s.a.v.) i tha: " **O Ebu Xhendel, bëhu i durueshëm dhe mbaje veten. Allahu do ta sigurojë**

lehtësimin tënd dhe do të gjejë rrugëdalje për ty, **ashtu siç gjeti edhe për të tjerët."**

Pjesa dërrmuese e muslimanëve u dëshpërua shumë kur dëgjuan për kushtet e marrëveshjes dhe mendonin se do të ishte më mirë nëse ajo nuk pranohej. Ata nuk e kuptuan se në të vërtetë kjo ishte një fitore e madhe e Pejgamberit (s.a.v.), fitore të cilën Allahu më vonë do ta konfirmojë edhe me një Shpallje. Paqja u siguroi atyre që të hyjnë lirisht në të ardhmen në Mekë dhe rezultoi që me kalimin e kohës, muslimanët të bëheshin edhe më të fortë dhe të nderohen në tërë arabinë. Në kohën e nënshkrimit të marrëveshjes, muslimanët nuk ishin në gjendje të parashikonin se vitin e ardhshëm numri i njerëzve që do të vinin në Medine për t'u bërë muslimanë, do të ishte shumë më i madh se numri i atyre të vitit të mëparshëm.

Para se të largoheshin, muslimanët ndoqën shembullin e Pejgamberit (s.a.v.) për të flijuar ndonjë kafshë e për t'i qethur flokët e tyre. Edhe pse nuk ishin në gjendje të vizitonin Xhaminë e Shenjtë, haxhi i tyre u pranua, sepse ishte qëllimmirë.

Gjatë kthimit në Medine, Pejgamberit (s.a.v.) iu shpall sureja "Fitorja". Ajo fillon kështu:

Në emër të Allahut, të Gjithëmëshirshmit, Mëshirëplotit!

"Ne ty të dhamë (vendosëm për ty) një fitore të sigurt. Ashtu që Allahu (pas fitores) të liroi ty prej mëkateve (që t'i mbathën) të mëparshme dhe prej atyre të mëvonshme (kur njerëzit do të pranojnë fenë islame dhe nuk do të jenë më mëkatarë) dhe ashtu të plotëson mirësinë e Vet ndaj teje, e të orienton ty në rrugën e drejtë. Dhe që Allahu të ndihmon ty me një ndihmë të fortë."

(El Fet'h:1 - 3)

Por tani, shumica e tyre që e lëshuan Mekën dhe pa pëlqimin e mbrojtësve të vet iu bashkangjitën Pejgamberit (s.a.v.) nuk u kthyen më në Mekë, por filluan të jetojnë në grup përgjatë bregdetit. Atyre iu bashkuan edhe njerëz të tjerë, të cilët e braktisën Mekën, dhe se bashku filluan të sjellin një rrezik të madh për karvanët e kurejshëve që kalonin atypari dhe përpiqeshin të çrregullonin tregtinë e tyre. Për këtë arsye kurejshët i thanë Pejgamberit (s.a.v.) se nuk do ta pengojnë t'i marrë me vete këta muslimanë dhe se nuk do të kërkojnë që t'i kthejë prapë. Prandaj, të rinjtë iu bashkangjitën Pejgamberit (s.a.v.) dhe kështu popujt e Mekes dhe të Medines filluan të jetojnë në qetësi. Shpejt pas kësaj, të rinjve nga bregdeti iu bashkuan edhe muslimanët që jetonin në Abisini, kështu që numri i besimtarëve në Medine u dyfishua.

Në këtë kohë, Halid ibn Velidi, luftëtari i madh që ngadhnjeu muslimanët në betejën e Uhudit, u shpërngul nga Meka në Medine. Gjatë rrugës takoi Amr ibn el-Asin, folësin e urtë që i kishte ndjekur muslimanët kur ata u larguan për në Abisini. Amri, i cili ishte orvatur të gjejë strehim në Abisini, sapo ishte kthyer nga ky vend ku Nexhashiu e kishte urdhëruar të pranojë Islamin. Ai e pyeti Halidin: "Për ku je nisur?" Halidi u përgjigj: "Tani të gjitha i kam të qarta. Njeriu me siguri është i Dërguar, dhe pafsha Allahun, unë po shkoj të bëhem musliman. Edhe sa kohë duhet të pres?" Amr ibn el-Asi u përgjigj: "Edhe unë jam duke udhëtuar për të njëjtën gjë."

Kështu, që të dy udhëtuan për në Medine për t'iu bashkuar Pejgamberit (s.a.v.). Megjithatë, brengoseshin për takimin e tyre me Pejgamberin (s.a.v.), sepse në të kaluarën që të dy këta kishin luftuar kundër muslimanëve. Prandaj, kur Amri erdhi përpara Pejgamberit të Allahut, i tha: "O i Dërguar, a do të më falen gabimet që kam bërë në të kaluarën dhe a do të harrohen ato që kanë ndodhur më parë?"

Pejgamberi (s.a.v.) iu përgjigj: **"Amr, Islami fshin çdo gjë që ka ndodhur më parë, ashtu siç bëri edhe hixhreti."**

Një vit pas nënshkrimit të Marrëveshjes së Hudejbijes, Pejgamberit (s.a.v.) iu dha rash që të jetë në ballë të dy mijë haxhilerëve në Umre. Kurejshët e lëshuan Mekën dhe i shikonin të gjitha ritualet nga kodrat rreth qytetit. Afati treditor i caktuar për paqe kaloi, dhe muslimanët u kthyen prap në Medine.

FTESA

Paqja, e cila me marrëveshjen e Hudejbijes ishte vendosur për dhjetë vjet me rradhë, nënkuptonte se njerëzit mund të udhëtonin nëpër tërë Arabinë për ta vizituar Muhamedin (s.a.v.) dhe se një numër i madh i tyre mund të deklarohej për Islamin. Gjithashtu, brenda kësaj kohe, Pejgamberi (s.a.v.) vendosi se ka ardhur koha që porositë e tij të barten edhe nëpër viset e tjera. Kështu ai dërgoi shokët e vet të besueshëm që porosinë e tij ta shpërndajnë tek udhëheqësit e popujve më të fuqishëm të asaj kohe. Është shënuar se ai ka thënë: **"Allahu më dërgoi mua si mëshirë për të gjithë njerëzit, andaj pranoni porosine time, sepse Allahu ka mëshirë për ju."** Gjithashtu është shënuar se kohë më parë, kur Pejgamberi (s.a.v.) ishte duke punuar përpara betejës së Hendekut, prej gurit që po përpiqej të luante nga vendi, u paraqitën tri shkreptima drite. Këto xixa i treguan atij drejtimin e qyteteve të qytetërimeve të jugut, të lindjes dhe të perëndimit, të cilat së shpejti do ta pranonin Islamin.

Në kohën kur Pejgamberi (s.a.v.) i dërgoi porositë e tij, Ebu Sufjani dhe disa kurejshë të tjerë ishin duke bërë tregti në Siri, e cila ishte provincë e Perandorisë Romake të Lindjes (më vonë do të njihet me emrin Bizant). Gjithashtu në këtë kohe, perandori Herakliu, sunduesi i kësaj perandorie, pas një ëndrre, që kishte parë, u tha vizitorëve të oborrit të tij në Siri: " E pashë rënien e perandorisë, ndërsa fitoren e ngadhnjeu një popull, që nuk është i fesë sonë." Në fillim mendoi se ishte fjala për hebrejtë dhe i shkoi ndër mend t'i vrasë të gjithë ata që jetonin nën pushtetin e tij. Por më vonë, arriti një emisar i sunduesit të Basrës, që me vete kishte sjellë një porosi për perandorin: "O perandor Herakli, në qytet ka disa arabë, që flasin për ngjarjet e mrekulueshme që kanë ndodhur në vendin e tyre dhe pastaj i rrëfeu për atë që kishte dëgjuar për Pejgamberin (s.a.v.).

Kur e dëgjoi këtë, Herakliu i urdhëroi ushtarët e tij: "Shkoni e më gjeni dikë, i cili do të më flasë më hollësisht rreth kësaj."

Sido që të jetë, ushtarët nuk gjetën asnjë prej atyre, që flisnin rreth Pejgamberit (s.a.v.), por në vend të tyre gjetën Ebu Sufjanin dhe shokët e tij, të cilët i sollën përpara perandorit. Herakliu i pyeti: "A ka ndonjë prej jush që është në farefisni me Pejgamberin Muhamed (s.a.v.)?"

"Unë jam", u përgjigj Ebu Sufjani.

Tani perandori iu drejtua atij, duke menduar se Ebu Sufjani e njeh Pejgamberin (s.a.v.) më mirë se të tjerët.Ai i tha: " Më thuaj se cili është vendi i Pejgamberit në fisin tuaj?"

"Ai është anëtar i familjes sonë të çmuar", u përgjigj Ebu Sufjani.

"A i ka thënë dikush para tij, gjërat të cilat i thotë ai?" vazhdoi perandori.

"Jo" u përgjigj ai.

"A është akuzuar ndonjëherë për ndonjë gënjeshter apo për ndonjë mashtrim?"

"Kurrë".

"Po për idetë dhe mendimet e tij dhe për aftësitë e të menduarit?" e pyeti perandori.

"Kurrë dhe askush nuk ka gjetur ndonjë gabim apo ka shfaqur ndonjë fije dyshimi në mendimet e tij", u përgjigj Ebu Sufjani.

"Kush i shkon pas, krenari apo i përvuajturi?"

"I përvuajturi."

"A rritet numri i ithtarëve të tij apo zvogëlohet?"

"Rritet" u përgjigj Ebu Sufjani. "Asnjë nga ithtarët e tij deri më sot nuk e ka braktisur."

Pastaj perandori filloi ta pyesë për çështje të tjera, dhe vazhdoi:

"Në qoftë se bën marrëveshje, a e mban atë?" "Po", u përgjigj Ebu Sufjani.

"A ke luftuar kundër tij ndonjëherë?", pyeti perandori.

Rreth kësaj, Ebu Sufjani u përgjigj: "Po. Disa herë ngadhnjyem ne, kurse disa ngadhnjeu ai, por kurrë nuk e shkeli marrëveshjen e paqes." "Ç'duhet të bëjnë njerëzit sipas tij?" pyeti perandori.

"Të adhurojnë vetëm një Allah", u përgjigj Ebu Sufjani. "Ai u ndalon njerëzve të adhurojnë atë që kanë adhuruar baballarët e tyre, u thotë t'i luten Allahut, të japin sadaka, ta mbajnë fjalën e dhënë, si dhe t'i kryejnë detyrat dhe obligimet e tyre."

Ebu Sufjani fliste të vërtetën edhe pse ishte armik i Pejgamberit (s.a.v.) dhe përkundër faktit se u bë musliman në ditët e fundit të jetës së tij. Por nga ana tjetër kishte frikë të gënjente përpara anëtarëve të karvanit të vet, të cilët gjithashtu ishin me të. Takimi përfundoi me këto fjalë të perandorit:" Nga tërë kjo po shoh se ai me të vërtetë është Pejgamber. Fakti se ithtarët e tij nuk e braktisin, dëshmon se ata kanë besim të vërtetë, sepse besimi që hyn në zemër nuk del aq lehtë prej saj. Unë e dija se ai do të vijë, dhe nëse ajo që thatë ju është e vërtetë, atëherë ai me siguri do të më pushtojë. Po të isha në vendin tuaj, unë do t'i laja këmbët. Tani mund të shkoni."

Nuk kaloi shumë kohë, dhe në oborrin Sirian mbërriti lajmëtari Dihje duke sjellë me vete letrën e Pejgamberit Muhamed, në të cilën thuhej: **Nëse e pranon Islamin do të jesh i sigurt dhe Allahu do të të japë shpërblim të dyfishtë. Nëse jo, atëherë do të të duhet te jetosh me pasojat e vendimit tënd."**

Herakliu e rrëmbeu letrën. Ishte shumë i shqetësuar dhe nuk mund ta kontrollonte veten. Ai i tha Dihjes: "Unë e di se zotëria yt është Pejgamber i vërtetë i Allahut. Librat tona tregojnë për ardhjen e tij. Po të mos kisha frikë se do të më vrisnin romakët, unë do t'i bashkohesha Islamit. Ti duhet të shkosh te peshkopi Daghatir dhe t'ia tregosh atij të gjitha. Fjala e tij peshon më shumë ndër njerëzit se fjala ime."

Kur dëgjoi për lajmin, të cilin Dihje ia rrëfeu, Daghatiri tha:" Po, zotëria yt, të cilin ne e quajmë Ahmed, është përmendur në shkrimet tona." Pastaj, e ndërroi mantelin e tij të zi me një të bardhë dhe shkoi t'u flasë njerëzve në kishë. "O romakë, neve na ka ardhur një letër nga Ahmedi, në të cilën ai na fton drejt Allahut. Unë pohoj se nuk ka Zot tjetër veç Allahut dhe se Ahmedi është robi dhe i Dërguari i Tij." (Ahmedi është emër tjetër për Pejgamberin Muhamed). Mirëpo, me të dëgjuar këtë, njerëzit u zemëruan dhe e sulmuan Daghatirin, të cilin e rrahën deri në vdekje.

Herakliu u tremb se mos vallë i ndodhte edhe atij e njëjta gjë, prandaj nga ballkoni iu drejtua gjeneralëve të tij duke u thënë: "O romakë! Një njeri më ka shkruar një letër, në të cilën më fton në fenë e tij. Unë me të vërtetë besoj se ky është i Dërguari, për të cilin na është thënë se do të vijë. Ti vemë pas, kështu që të jemi të lumtur si në këtë botë ashtu edhe në botën e ardhshme." Kur e dëgjuan këtë, romakët u zemëruan dhe filluan të bërtasin, sa Herakliu menjëherë tha:" Unë vetëm shtiresha; desha të shoh se sa i fortë është besimi juaj. Ndiej kënaqësi kur shoh se i qëndroni besnik besimit tuaj." Pastaj Herakliu propozoi që muslimanëve t'u paguhet një tatim apo t'u jepet tokë, vetëm e vetëm që të mbahet paqja, mirëpo edhe këtë propozim romakët e hodhën poshtë. Kur pa se nuk mund të bëjë asgjë më tepër, dhe duke ditur se një ditë Islami do ta pushtojë Sirinë, Herakliu e lëshoi provincën dhe u kthye në Konstantinopojë, në kryeqytetin e Perandorisë Romake të Lindjes. Duke u nisur, ai hodhi një shikim prapa dhe tha:" Lamtumirë për herë të fundit, o tokë e Sirisë!"

Ndërkohë, emisarit tjetër të Pejgamberit që arriti në pallatin e Kisrës, shahut (mbretit) të Persisë, roja mbretërore i tha: "Kur të dalësh përpara shahut, duhet të përkulesh e të mos e ngresh kokën gjatë kohës kur ai të flet."

Emisari i Pejgamberit iu përgjigj: "Unë kurrë nuk do ta bëj këtë. Unë përkulem vetëm përpara Allahut." "Atëherë shahu nuk do të ta pranojë letrën që ke sjellë", i thanë ata.

Kur erdhi koha që të takohen, shahu me të vërtetë u befasua shumë kur e pa njeriun me kokën lart që refuzoi të përkulet përpara tij, ashtu siç bënin të tjerët. Megjithatë shahu e lexoi letrën:

Në emër të Allahut, të Gjithëmëshirshmit, Mëshirëplotit!

"Nga Muhamedi, Pejgamberi i Allahut, drejtuar Kisrës, shahut të Persisë. Paqja qoftë mbi ata që e ndjekin të vërtetën, që besojnë në Allahun dhe në Pejgamberin e Tij dhe që pohojnë se nuk ka zot tjetër, përveç Allahut dhe se Muhamedi është i Dërguari i Tij. Unë kërkoj nga ti me emrin e Allahut, pasi jam Pejgamberi i Tij, që ta paralajmërosh popullin tënd, se në qoftë se ata nuk e pranojnë porosinë e Tij, atëherë do t'u duhet të jetojnë me pasojat. Bëhu musliman dhe do të jesh i sigurt. Nëse refuzon t'u tregosh atyre, atëherë do të jesh fajtor për injorancën e treguar."

Shahu u zemërua shumë kur lexoi letrën dhe prandaj e grisi dhe e bëri copëcopë.

Kur lajmëtari u kthye në Arabi dhe i tha Pejgamberit (s.a.v.) për atë që kishte bërë Kisra, Pejgamberi (s.a.v.) tha: **"Allahu ia çjerrtë mbretërinë dhe ia bëftë copë-copë."** Disa vite më vonë ndodhi pikërisht ajo që tha Pejgamberi (s.a.v.).

Me letër të ngjashme, ashtu *siç* ndodhi me Sirinë dhe Persinë, një lajmëtar vajti edhe tek Nexhashiu (mbreti) i Abisinisë: **"Paqe. Lavdërimi i takon Allahut, Mbretit, të Madhërishmit, Krijuesit të paqes, Rojtarit të besimit, Mbikqyrësit.**

> *"Ai është Allahu, që nuk ka zot tjetër, përveç Tij, sundues i përgjithshëm, i pastër (prej të metave që i mvishen), shpëtimtar (që i shpëton njerëzit prej ndëshkimit të padrejtë), sigurues (që siguroi njerëzit me premtimin e vet dhe pejgamberët me mrekulli) mbikqyrës (që mbikqyr dhe përcjell çdo send), i Plotfuqishëm, Mbizotërues, i Madhërishëm. I lartësuar është Allahu nga çka i shoqërojnë!"*

(El Hashr:23)

Dhe unë pohoj se Isai, i biri i Merjemes, është fryma e Allahut dhe e fjalës së Tij që hodhi mbi Merjemen e virgjër mirësinë e pastërtinë, ashtu që ajo mbeti me barrë me Isain. Atë e krijoi Allahu nga shpirti i Tij dhe fryma e Tij. Unë të ftoj ty drejt Allahut, të Vetmit, të Pashoqit, t'i përulesh Atij dhe të më ndjekësh e të besosh në atë që zbriti tek unë, sepse unë jam

Pejgamberi i Allahut. Paqja qoftë mbi të gjithë ata që e ndjekin rrugën e drejtë."

Mbreti i Abisinisë ishte njeri i urtë dhe thuhet se ishte edhe i krishterë i mirë. Natyrisht, ai kishte dëgjuar për Pejgamberin (s.a.v.) dhe për fenë e tij nga muslimanët, të cilët vitet e fundit ishin strehuar tek ai. Ai u prek thellë nga letra dhe kur zbriti nga front, nuk e bëri këtë vetëm për të treguar respekt, por edhe për të deklaruar se u bë musliman. Letrës së Pejgamberit ai iu përgjigj me një letër të tij.
"Muhamedit, të Dërguarit të Allahut nga Nexhashiu el-As'hami, mbreti i Abisinisë.
Esselamu alejkum - O Pejgamberi i Allahut - ve rahmetull-llahi ve berekatuhu. Askush nuk është si Ai që më udhëhoqi drejt Islamit.
Unë e pranova letrën tënde o Pejgamber i Allahut. Disa nga ithtarët e tu, ashtu sikundër edhe Xha'feri, jetojnë akoma këtu. Unë besoj se ti me të vërtetë je Pejgamber i Allahut dhe përsëri e ripohoj zotimin që kohë më parë e dhashë para kushëririt tënd Xha'ferit, me të cilin i bashkangjitem Islamit dhe i dorëzohem Allahut të botëve."
Ndërkohë, lajmëtari i katërt udhëtoi me anije për në Aleksandri, që të takohet me Mukavkisin, sunduesin e Egjiptit, i cili ishte kopt i krishterë. Në letrën e tij, Pejgamberi (s.a.v.) e ftoi atë që të pranojë Islamin, sepse i krishteri që besonte në Isain duhej që gjithashtu të besojë edhe në atë, se ai kishte ardhur me porosinë e njëjtë nga Allahu. Në letër shkruante si vijon:

Në emër të Allahut, të Gjithmëshirshmit, Mëshirëplotit!

**"Nga Muhamedi, i biri i Abdullahut, drejtuar të madhit Kopt.
Paqja qoftë mbi të gjithë ata që ndjekin të vërtetën. Unë kërkoj me ngulm nga ti që të pranosh Islamin. Bëhu musliman. Allahu do të të shpërblejë dyfish. Në qoftë se refuzon, atëherë do të jesh fajtor që nuk i lejove njerëzit e tu për ta ndarë këtë bekim."**

Mukavkisi tregoi respekt rreth asaj që shkruante në letër. Ai e priti mirë lajmëtarin dhe i dha shumë dhurata për Pejgamberin | (s.a.v.), por megjithatë nuk u bë musliman.Edhe pse vetëm Abisinia iu përgjigj ftesës së Pejgamberit për ta pranuar Islamin, akoma nuk ishin humbur të gjitha shpresat, sepse - pas disa vitesh, Siria, Persia dhe Egjipti u bënë vende muslimane.

HYRJA NË MEKË

Përkundër përmirësimit të marredhënieve ndërmjet Mekës e Medines, pas nënshkrimit të marreveshjes së Hudejbijes, paqja dhjetevjeçare u ndërpre nga kurejshët, të cilët së bashku me aleatët e tyre Benu Bekr, e sulmuan fisin Huza'a. Huzate tani mbanin anën e muslimanëve, ndaj kur Pejgamberi (s.a.v.) dëgjoi për këtë sulm, ai menjëherë urdhëroi që të fillojnë përgatitjet për luftë. Kur njerëzit e tij u bënë gati, ai u tregoi se caku i tyre është Meka dhe pasi nuk donte që të luftonin brenda mureve të qytetit, u tha të shpejtojnë me qëllim që të mund ta zinin armikun në befasi. Në këtë mënyrë, mekasve nuk do t'u mbetej kohe të përgatiteshin për luftë, kështu që të rrethuar do të dorëzoheshin. Pas kësaj, muslimanët do të mund të hynin në qytet pa pësuar asnjë humbje dhe pa asnjë të lënduar.

Ishte muaji i Ramazanit dhe viti i tretë i Hixhrit, kur ushtria muslimane e përberë prej dhjetë mijë ushtarëve, u nis për në Mekë. Pothuajse të gjithë agjëronin, edhe pse nuk ishin të obliguar, pasi udhëtonin. Çdonjëri ishte i ngazëllyer sepse shkonte në Meke, e veçanërisht ata që për tetë vjet me rradhë nuk i kishin parë shtëpitë e tyre.

Ndërkohë, Abbasi, xhaxhai i Pejgamberit (s.a.v.) vendosi se kishte ardhur koha që ta marrë të shoqen e ta lëshoje Meken dhe të bashkohet me Pejgamberin (s.a.v) në Medine. Atyre nuk iu desh të udhëtojnë gjatë, sepse pas njezët e pesë kilometrave erdhën afër kampit të muslimanëve. Kur i pa, Pejgamberi (s.a.v.) u tha: **"Xhaxha, shpërngulja juaj është shpërngulja e fundit. Dërgimi im është dërgimi i fundit."** Pastaj Abbasi u bashkua me ushtrinë, ndërsa gruaja e tij vajti në vend të sigurt, në Medine.

U ngrys muzgu dhe muslimanët ndezën zjarret në kampin e tyre. Duke shikuar nga qyteti, mekasit u habitën kur panë gjithë këto zjarre të ndezura dhe dërguan Ebu Sufjanin, që të dalë nga qyteti e të zbulojë se i kujt është gjithë ai kamp i madh. Duke dalë, ai pa Abbasin, i cili vinte nga drejtimi i zjarreve dhe ishte drejtuar nga ai. Abbasi vinte si lajmëtar i paqes nga Pejgamberi (s.a.v.) dhe posa e pa Ebu Sufjanin i tha: "Muslimanët kanë ardhur me një ushtri të madhe. Ata nuk duan të luftojnë, por vetëm të hyjnë në qytet. Do të ishte me mirë që të dorëzoheni dhe të mos luftoni. Ejani nën mbrojtjen time dhe takohuni me Pejgamberin (s.a.v.)"

Ebu Sufjani ra dakord dhe u nis pas Abbasit, i cili kishte hipur mbi mushkën e bardhë të Pejgamberit. Ende ishte natë kur ata hynë në kampin e muslimanëve. Sa herë që kalonin pranë ndonjë zjarri, nga errësira dëgjohej pyetja: "Kush është atje?" Askush nuk e trajtoi të huajin si udhëheqës të armiqve të tyre, sepse Abbasin e njihnin të gjithë, prandaj edhe i lejonin të kalojnë.

Mirëpo, kur kaluan pranë Umerit, ai menjëherë e njohu Ebu Sufjanin dhe klithi: "Ebu Sufjani! Armiku i Allahut!" Vrapoi pas tij me qëllim që ta vrasë, mirëpo Abbasi e shpejtoi mushkën dhe ikën. Ata arritën para tendës së Pejgamberit vetëm një çast para Umerit, i cili erdhi pas tyre me një frymë. Umeri e luti Pejgamberin (s.a.v.): "O Pejgamber i Allahut, më lejo që ta përfundoj jetën e Ebu Sufjanit, armikut të Allahut, që i ka udhëhequr kurejshët atëherë kur ata na sulmonin."

Abbasi ndërhyri duke thënë: "Unë jam betuar se do ta mbroj gjatë kohës që ai gjendet këtu", kurse Pejgamberi (s.a.v.) i tha xhaxhait të vet që ta marrë Ebu Sufjanin në tendën e tij.

Në mëngjes, Pejgamberi (s.a.v.) e thirri Ebu Sufjanin e i tha: **" Ebu Sufjan! A e di ti se nuk ka zot tjetër veç Allahut?"**

Ebu Sufjani u përgjigj në këtë mënyrë: "Po të kishte, atëherë deri tani ai do të më kishte ndihmuar."

"Të kesh turp Ebu Sufjan", u përgjigj Pejgamberi (s.a.v.). "Erdhi koha të kuptosh se unë me të vërtetë jam Pejgamberi i Allahut." Mirëpo, disa çaste më vonë, kur Ebu Sufjanit iu kujtua se Umerit nuk iu lejua ta vrasë, u përgjigj:" Unë shoh se ti je zemërgjerë dhe i fal gabimet, por përsëri nuk jam i sigurt për këtë."

Abbasi i cili qëndronte praën, u kthye nga ai dhe i tha: **"Beso ashtu *siç* besoj edhe unë tani."**

Ebu Sufjani për një moment heshti, por pastaj me një zë të qartë dhe të lartë u betua para të gjithëve: "Nuk ka zot tjetër, përveç Allahut dhe Muhamedi është Pejgamberi i Allahut."

Pejgamberi (s.a.v.) i tha pastaj Ebu Sufjanit që të kthehet në Meke dhe t'u tregojë të tjerëve se të nesërmen në mëngjes, muslimanët do të hyjnë në qytet. Para nisjes së Ebu Sufjanit, Abbasi i sugjeroi Pejgamberit (s.a.v.) se Ebu Sufjani është njeri krenar dhe se do të ishte mirë që t'i jepej ndonjë post nderi. Pejgamberi (s.a.v.) e pranoi këshillën e tij dhe i tha Ebu Sufjanit: **"Thuaju të gjithëve, se kur të hyjmë ne, ata që duan të strehohen mund ta bëjnë këtë te shtëpia juaj dhe se aty do të jenë të sigurt."** Ishte ky një nder i madh për Ebu Sufjanin. Gjithashtu, Pejgamberi (s.a.v.) i tha të garantojë qytetarët e Mekes se ata që do të mbesin ne shtëpitë e tyre apo në Qabe, do të gëzojnë mbrojtjen e muslimanëve.

Ebu Sufjani menjëherë u kthye në qytet. Ai u nis drejt kodrës Hagar, nga e cila më vonë foli edhe Pejgamberi (s.a.v.) dhe i ftoi kurejshët që të vijnë tek ai. Ebu Sufjani pastaj iu drejtua turmës: "O njerëz të Mekës, zjarret që ndizeshin rreth nesh ishin zjarret e kampit të Muhamedit dhe të njerëzve të tij. Ai ka ardhur me një ushtri të madhe, kurse ne jemi të paktë për të luftuar. Andaj, më mirë është që të dorëzohemi. Cilido që mbetet në shtëpinë e vet, në shtëpinë time apo në Qabe, do të jetë i sigurt."

Herët në mëngjes, muslimanët hynë në Mekë nga të gjitha anët e qytetit. Ata kishin urdhër që të mos shkaktojnë asnjë dëm, veç në rastin e dikujt që do të përpiqej t'i ndalonte. Kur arriti Pejgamberi (s.a.v.), zbriti nga deveja e vet, bëri sexhde dhe falenderoi Allahun për këtë fitore. Kur e panë këtë mosbesimtarët, e kuptuan se Pejgamberi (s.a.v.) ka ardhur në paqe. Njerëzit filluan t'i lëshojnë shtëpitë e tyre dhe të vrapojnë në drejtim të Qabes. Kur arritën atje, e panë Pejgamberin (s.a.v.) hipur mbi deven e tij dhe të rrethuar nga muslimanët, i cili bashkë me ta ishte duke kryer ecjen rreth e përqark Qabes (tauafin). Kur e mbaroi, tha: **"Nuk ka zot tjetër përveç Allahut dhe Ai nuk ka shok. Burra dhe gra kurejshë, mos u mburrni sepse të gjithë janë të barabartë, të gjithë jemi bijtë e Ademit, kurse Ademi u krijua nga dheu."** Pastaj u recitoi atyre këto vargje:

Në emër të Allahut, të Gjithëmëshirshmit, Mëshirëplotit!

> *"O ju njerëz, vërtet Ne ju krijuam juve prej një mashkulli dhe një femre, ju bëmë popuj e fise që të njiheni ndërmjet jush, e s'ka dyshim se tek Allahu më i ndershëm ndër ju është ai që më tepër është ruajtur (nga të këqijat) e Allahu është shumë i dijshëm dhe hollësisht i njohur për çdo gjë."*

(El Huxhurat: 13)

Pas kësaj, ai u tha atyre: **"O kurejshë, si mendoni, ç'kam për t'ju bërë?"** Para se të përgjigjen, njerëzit filluan të mendojnë me kujdes, sepse e dinin që sipas ligjeve të luftës, të gjithë mund të burgoseshin. Megjithatë, ata e dinin gjithashtu se Pejgamberi (s.a.v.) ishte zemërgjerë, andaj edhe u përgjigjën: " Ti do të sillesh me ne ashtu siç do të sillej një nip apo një vëlla i mirë."

Ai kësaj iu përgjigj me fjalët e Pejgamberit Jusuf kur vëllezërit e tij erdhën në Egjipt: **"Allahu ju fal juve dhe ai është më Mëshirëbërësi nga Mëshirëbërësit."** Pastaj Pejgamberi (s.a.v.) shkoi në kodrën Safa, ku e ndoqi tërë turma dhe njerëzit të zënë dorë për dore u deklaruan si muslimanë. Pastaj ai u kthye në Qabe, dhe duke treguar mbi treqind e gjashtëdhjetë e pesë idhujt që ishin vendosur atje, lexoi këto fjalë nga Kurani:

Në emër të Allahut, të Gjithëmëshirshmit, Mëshirëplotit!

"Dhe thuaj: "Erdhi e vërteta e u zhduk e kota.":
Vërtet, e kota gjithnjë ka qenë e zhdukur."

(El Isra: 81)

Pas kësaj, të gjithë idhujt u shembën. Pastaj Pejgamberi (s.a.v.) bashkë me ithtarët e tij vazhdoi pastrimin e Qabes e i tha edhe Bilalit që të hipë në majë të saj dhe të ftojë besimtarët që të falen. Prej atëherë, thirrja për t'u falur dëgjohet në Meke nga pesë herë në ditë. Për këtë shërbeu Qabeja, Shtëpia e Shenjtë, të cilën për të njëjtin qëllim e kishte ndërtuar edhe Ibrahimi mijëra vjet më parë, dhe atë si faltore për adhurimin e Allahut, Krijuesit tonë, prandaj Meka edhe sot vazhdon të jetë qëndër shpirtërore e Islamit. Në ditën e çlirimit të Mekës, Pejgamberi (s.a.v.) iu drejtua popullit me këto fjalë: **"Allahu e shenjtëroi Meken atë ditë kur Ai krijoi qiellin edhe Tokën, dhe ajo është më e shenjta nga të gjitha deri në Ditën e Ringjalljes.Askujt që beson në Allahun dhe në ditën e fundit, nuk i lejohet që aty të shkaktojë gjakderdhje apo t'i presë drunjtë. Nuk i është lejuar askujt përpara meje e as nuk do t'i lejohet askujt pas meje. Në të vërtetë, nuk më lejohet as mua, përveç në ditët e sotme, sepse zemërimi i Allahut ndaj njerëzve të Tij këtë e lejon. Meka tani e ka rifituar shenjtërinë e mëparshme. Ata që janë këtu, tani le të shkojnë dhe t'u tregojnë të tjerëve."**

MËSIMI I MBURRJES NË LUGINËN E HUNEJNIT

Islami lulëzoi në Mekë dhe muslimanët filluan të bëhen gjithnjë e më të fortë. Mirëpo, në jug të Mekës jetonte një fis i luftëtarëve të quajtur Havazinë, të cilët nuk ishin bërë muslimanë. Ata bënë marrëveshje me një fis tjetër nga Taifi, të quajtur Thekife me qëllim që të luftojnë kundër muslimanëve dhe t'i shkatërrojnë ata para se t'i arrijnë që ta përhapin fenë e tyre në tërë Arabinë.

Së shpejti Thekifët, të cilët ishin të njohur për nga trimëria, fituan edhe përkrahjen e fiseve të tjera, që jetonin në rrethinën e Taifit, e veçanërisht kur u thoshin: "Shikoni se ç'*po* ndodh! Kur edhe kurejshët, të cilët janë fisi më i madh, ranë nën Muhamedin, atëherë është vetëm çështje kohe se kur do të ndodhë e njëjta gjë edhe me ne. Ne duhet t'i godasim muslimanët përpara se të vendosen në Meke dhe të fitojmë përkrahjen e kurejshëve."
Si udhëheqës u zgjodh kryetari i njërit fis, i quajtur Malik ibn Auf, që ishte një luftëtar sypatrembur. Ai u parashtroi këtë plan: "Ju duhet të dilni e të luftoni së bashku me familjet tuaja, me tendat tuaja si edhe me dhentë e dhitë, sepse kur t'i keni të gjitha me vete, atëherë nuk do të mund t'i shmangeni luftimit."
Të gjithë u pajtuan me planin e Malikut, përveç plakut të verbër që e quanin Durejd. Ai kishte qenë luftëtar i madh i kohës së tij, prandaj për shkak të përvojës së madhe që kishte dhe këshillave të urta që jepte, akoma i shoqëronte njerëzit në luftë. "Mua nuk më pëlqen plani i Malikut", nguli këmbë ai. "Në qoftë se dikush është aq frikacak, saqë është në gjendje ta lëshojë betejën, atëherë ai do ta bëjë atë gjë sikur ta ketë me vete edhe familjen e tij. Gratë dhe fëmijët do të jenë një barrë e rëndë për ne, sepse nëse pësojmë disfatë, atëherë e tërë pasuria jonë do të bie në duart e armikut." Mirëpo Maliku nuk e përfilli këtë këshillë dhe i mbeti besnik planit të vet.
Kur Pejgamberi (s.a.v.) dëgjoi për planet e fiseve armike, u detyrua ta pranojë luftën dhe e urdhëroi ushtrinë e vet që të niset drejt Taifit. Ai kishte dymbëdhjetë mijë njerëz, ndërsa armiku vetëm katër mijë. Muslimanet mburreshin me fuqinë e tyre dhe kur shihnin numrin e madh të njerëzve që kishin, thoshin me vete: "Ne kurrë nuk do të pësojmë disfatë!" Me të dëgjuar këto fjalë, Pejgamberi (s.a.v.) e kuptoi se muslimanët mburreshin së tepërmi e për shkak të kësaj nuk do të kishin sukses. Ai i paralajmëroi ata: **"Drejtojuni fuqisë së Allahut e jo fuqisë që keni."**
Koha e betejës u afrua. Ushtria muslimane përparonte nëpër shtegun e Hunejnit, gjerësisht nëpër grykat e ngushta të maleve shkëmbore, drejt luginës, ku ishin duke pritur Havazinët dhe fiset e tjera. Ishte mëngjes i

hershëm dhe dita ende nuk kishte zbardhëlluar. Muslimanët nuk e dinin se nën hijen e errësirës luftetarët Havazinë kishin hipur në male dhe kishin zënë pritat. Kur muslimanët arritën në një ngushticë, atëherë Havazinët u hodhen në sulm. Në fillim ata hodhën gurë e më vonë sulmuan me shigjeta dhe shpata. Të befasuar e të frikësuar, muslimanët filluan të tërhiqen. Pejgamberi (s.a.v.) u dëshpërua duke parë terrorin që po bëhej, por megjithatë qëndroi i patundur në vendin ku gjendej së bashku me Ebu Bekrin, Aliun, xhaxhain e tij Abbasin dhe me disa shokë të tjerë.

Pastaj Abbasi i ftoi muslimanët të kthehen dhe të mos e braktisin Pejgamberin (s.a.v.) Të turpëruar nga ajo që bënë, duke e lënë Pejgamberin (s.a.v.) që të ballafaqohet vetë me armikun, muslimanët menjëherë u kthyen të luftojnë. Si ndihmë Allahu u dërgoi melekët e Tij. Lufta vazhdoi e rreptë. Luftetarët muslimanë filluan të përparojnë duke i zbrapsur Havazinët në luginë, ku luftimet u ashpërsuan edhe më tepër. Nga fundi i ditës muslimanët ngadhnjyen, por vetëm atëherë kur u bënë të vetëdijshëm për rrezikun, të cilin sjell me vete mburrja.

Ashtu siç kishte paralajmëruar edhe ai plaku i verbër, armiku ua mbathi këmbëve duke lënë pas vetes familjet dhe të mirat e tyre, të cilat u zunë. Pas kësaj, të gjitha fiset, përveç njërit, erdhën që t'i marrin ato prapë dhe u deklaruan për pranimin e Islamit. Pejgamberi (s.a.v.) ua fali dhe ua ktheu familjet prapë, por jo edhe plaçkat që kishin.

Përjashtim bëri vetëm udhëheqësi i Havazinëve. Ai u strehua në Taif, ku mbrojtjen e kërkoi në fortesën e qytetit, mirëpo muslimanët i shkuan pas dhe e rrethuan qytetin, të cilin e mbajtën të rrethuar afro tri javë. Ata u përpoqën të hyjnë në fortesë, por pas humbjeve të mëdha që patën, Pejgamberi (s.a.v.) urdhëroi të tërhiqen. Rrëfimi nuk përfundoi me kaq, sepse shpejt pas kësaj, Havazinët dhe fiset e tjera erdhën në Meke dhe u deklaruan si muslimanë. Me ta ishte edhe Malik ibn Aufi, që i udhëhiqte në beteja dhe të cilin tani Pejgamberi (s.a.v.) e emëroi si udhëheqës të tyre.

Pas betejës në luginën e Hunejnit, Pejgamberi (s.a.v.) i shpërndau plaçkat që ishin marrë nga kurejshët dhe fiset e tjera beduine. Ensarët nga Medina, të cilët e përkrahën atë gjatë viteve të vështira para pushtimit të Mekes, nuk morën asgjë. Ata u zemëruan për këtë dhe shkuan të ankohen tek Pejgamberi (s.a.v.). Ai u tha: **"Ç'është kjo që dëgjoj prej jush? A mendoni keq për mua? A nuk erdha tek ju atëherë kur nuk e njihnit të vërtetën dhe a nuk ju priu Allahu; a nuk ju bëri Allahu të pasur pikërisht atëherë kur ishit të varfër; kur ishit armiq dhe kur Allahu jua zbuti zemrat? A i lakmoni gjërat e kësaj bote, të cilat jam i detyruar t'i përdor vetëm e vetëm që të fitoj besimin e njerëzve dhe t'u prij atyre drejt Islamit? Natyrisht se**

Islami ju mjafton. A nuk jeni të kënaqur se, përderisa dikush i merr me vete plaçkat e bagëtitë, ju merrni me vete në Medine Pejgamberin Allahut?"

Kur e dëgjuan këtë të gjithë njerëzit u penduan dhe filluan qajnë. Pastaj, me një përkulje të thellë, folësi i tyre tha: "Ne me të vërtetë jemi të kënaqur, që si dhuratë për këtë jetë kemi Pejgamberin e Allahut." Ndoshta edhe ne duhet t'i parashtrojmë vetes të njëjtën pyetje.

A nuk jemi të bekuar që kemi Pejgamberin Muhamed (s.a.v.) dhe Librin, të cilët përgjithmonë do të na prijnë? A nuk është më me rëndësi kjo, sesa të mendojmë për kënaqësitë momentale të ditës?"

Menjëherë pas kësaj, të shoqëruar nga Pejgamberi (s.a.v.), Ensarët u nisën për në Medine. Ai mund të mbetej në Meke e të jetonte në mesin e njerëzve të tij, por u kthye pikërisht ashtu siç premtoi, të jetojë në mesin e njerëzve të Medinës, që për ta ishte një bekim i madh.

Në emër të Allahut, të Gjithëmëshirshmit, Mëshirëplotit!

> *"Nuk ka dyshim se Allahu ju ka ndihmuar në shumë beteja, e edhe në ditën e Hunejnit, kur juve ju mahniti numri juaj i madh, i cili nuk ju vlejti asgjë, dhe me gjerësinë e saj që kishte toka u ngushtua për ju, pastaj ju u zbrapsët (ikët). Pastaj Allahu zbriti qetësinë e Vet në të Dërguarin e Tij dhe në besimtarë, zbriti një ushtri që ju nuk e patë, i dënoi ata që mohuan, e ai ishte ndëshkim ndaj mosbesimtarëve. Allahu pastaj i fal atij që do, Allahu fal shumë dhe mëshiron shumë."*

(Et-Teube: 25-27)

TEBUKU SPROVA E BESIMIT

Lajmet për rritjen e forcës së muslimanëve dhe të ithtarëve të Pejgamberit (s.a.v.) anekënd Arabisë, rastësisht arritën edhe te Herakliu, perandori i Perandorise Romake të Lindjes. Romakët e panë se bashkimi i Arabëve nën Islamin paraqiste një kërcënim të mundshëm për perandorinë dhe për këshilltarët dhe gjenaralët perandorakë, prandaj vendosën se do të ishte më mirë t'i sulmonin muslimanët, njëkohësisht, nga lindja dhe nga veriu dhe kështu të shkatërrojnë Islamin njëherë e përgjithmonë. Kishin kaluar dy vjet që kur Herakliusi u kishte rrëfyer atyre për letrën e Pejgamberit, në të cilën kërkohej t'i nënshtroheshin Islamit, por edhe tani, ashtu siç ndodhi atëherë, ata nuk deshën të dëgjojnë ide të tilla.

Kur Pejgamberi (s.a.v.) dëgjoi për planin e romakëve, vendosi se do të ishte më mirë, që me ushtrinë romake të takohen në Tebuk, nja 500 kilometra larg Medines në drejtim të Sirisë, se sa t'i presë të sulmojnë Medinen. Arsyeja për këtë vendim qëndronte në atë, se Pejgamberi (s.a.v.) mendoi se në qoftë se muslimanët në Medine pësojnë disfatë, atëherë edhe qyteti do të pushtohej e kjo do të sillte si pasojë edhe fundin e Islamit. Ky ishte një vendim i vështirë për të, sepse jo vetëm që Tebuku gjendej shumë larg, por ishte edhe koha e korrjeve dhe bënte shumë nxehtë. Kësaj i duhej shtuar edhe fakti se armiku kishte një ushtri shumë të madhe.

Asokohe në Medine jetonin edhe njerëz që nuk ishin besimtarë të vërtetë. Ata i quanin "hipokritë", sepse shtireshin sikur besonin, por në të vërtetë e fshihnin atë që kishin në zemër. Kur Pejgamberi (s.a.v.) dha kushtrimin për luftë, këta hipokritë u përpoqën të mbjellin frikë dhe dyshim në mesin e muslimanëve, duke thënë: "Si mund të shpresojmë se do t'i mundim romakët, perandoria e madhe e të cilëve shtrihet nëpër tërë botën? Por edhe po të mundemi, ne nuk do ta arrijmë ta bëjmë këtë, sepse rruga e gjatë dhe i nxehti i madh do të na shkatërrojnë. Sidoqoftë, të lashtat janë gati për t'u korrur ndërsa frytet duhet të vilen; si mund t'i lemë ato? Ne do të merremi në qafë nëse e lejojmë një gjë të tillë."

Të tilla fjalë që u përsëritën disa herë, i vunë muslimanët përpara sprovave. Kush do të kishte mundësi ta vijonte luftën për fenë e tij me të tilla gjasa? Cili do të guxonte ta japë pasurinë e tij që të pajisë një ushtri? Sprova e besimit do të tregojë se cilët janë muslimanët e vërtetë. Mbi këtë çështje, Allahu shpalli ajetet vijuese:

Në emër të Allahut, të Gjithëmëshirshmit, Mëshirëplotit!

"O ju që besuat, Ç'është me ju, që kur u thuhet: "Dilni në (luftë) rrugën e Allahut", ju u rënduat në vend (si të ishit të gozhduar). A mos ishit më të kënaqur me jetën e kësaj bote, se sa me atë të ardhmen? Përjetimi i jetës së kësaj bote ndaj asaj të ardhmes, nuk është asgjë."

(Et Tevbe:38)

Për ta mbledhur e pajisur ushtrinë, Pejgamberit (s.a.v.) i nevojiteshin të holla dhe përkundër asaj që përhapnin hipokritët, shumë muslimanë, e veçanërisht shokët e afërt të Pejgamberit (s.a.v.) ishin të gatshëm t'i ndihmojnë. Për shembull, Uthman ibn Affani siguroi kuaj dhe armë për dhjetë mijë ushtarë, ndërkaq Ebu Bekri i dha të tëra ato që kishte në këtë botë. Edhe Umeri, gjithashtu dha një kontribut të madh, kështu që në këtë mënyrë Pejgamberi (s.a.v.) qe në gjëndje të tubojë rreth vetes një ushtri prej dyzet mijë ushtarësh.

Kur çdo gjë ishte bërë gati dhe ushtria po nisej, Pejgamberit (s.a.v.) i erdhën shtatë njerëz dhe iu lutën që të nisen me të. Për fat të keq, ai i refuzoi sepse nuk kishte mbetur e lirë asnjë deve apo kalë. Që të shtatë u shqetësuan shumë dhe ikën ashtu *siç* erdhën. Kur u nisën ushtarët, disa deve mbetën të lira. Atëherë Pejgamberi (s.a.v.) i lajmëroi ata shtatë njerëzit, të cilët u gëzuan shumë që do të mund t'i bashkohen atij për në luftë.

Romakët e kishin kuptuar se muslimanët ishin nisur të ballafaqohen me ta. Kur e dëgjuan këtë, ata u bindën edhe më tepër në fitoren e tyre, sepse besonin se ishte e pamundur që një ushtri e tillë të kalojë në shkretetirë pa ujë dhe nën diellin përcëllues. Edhe po të ndodhte ndonjë mrekulli dhe muslimanët të arrinin ta bënin këtë, ata do të lodheshin aq shumë, saqë ngadhnjimi mbi ta do të ishte një punë shumë e lehtë.

Koha ishte shumë e nxehtë, ndërsa udhëtimi tepër i vështirë, saqë disa muslimanë u kthyen prapa. Sidoqoftë Pejgamberi (s.a.v.) dhe pjesa më e madhe e ushtrisë e vazhduan udhëtimin derisa më në fund mbetën edhe pa ujë. Ekspedita dukej gjithnjë e më tepër e pashpresë sepse njerëzit i mundonte etja. Pejgamberi (s.a.v.) iu lut Allahut xh.sh. për ndihmë dhe posa mbaroi lutjen, filluan të bien pikat e para të shiut. Shiu vazhdoi të bjerë derisa të gjithë muslimanët u ngopën duke pirë ujë dhe e shuan etjen e tyre. Për herë të parë që nga koha që ishin nisur, ata fjetën të qetë, të freskuar nga uji dhe të bindur se Bilali do t'i zgjojë për të falur sabahun. Mirëpo, Bilalin e kishte zënë një gjumë i thellë, kështu që nuk u zgjua. Ishte hera e parë që muslimanët e kapërcyen faljen e tyre, andaj edhe u shqetësuan shumë.

Megjithatë Pejgamberi (s.a.v.) nuk u zemërua me Bilalin dhe u tha muslimanëve se nuk ka arsye të shqetësohen, sepse faljen nuk e kanë kapërcyer qëllimisht.

Pejgamberi (s.a.v.) dhe ushtria e tij e vazhduan rrugën nëpër shkretëtirë dhe më në fund arritën në oazet e Tebukut. Kur arritën atje u habitën shumë, sepse kuptuan se kur ushtria romake kishte dëgjuar për mrekullinë që u kishte ngjarë muslimanëve duke kaluar nëpër shkretëtirë, ishte tërhequr nga frika. Pejgamberi (s.a.v.) priti ca kohë tek oazet, por kur u bë e qartë se romakët nuk do të luftojnë ai dha urdhër që të kthehen në shtëpitë e veta. Armikun nuk e ndoqën pas, sepse Pejgamberi (s.a.v.) luftonte vetëm kur sulmohej.

Marshimi i gjatë deri në Tebuk ishte edhe një sprovë e besimit të muslimanëve. Madje edhe atëherë, në mesin e atyre që bënë atë udhëtim heroik, kishte të atillë që bëheshin hipokritë; shtireshin se janë të sinqertë, ndërsa në zemrat e tyre ishin armiq të Islamit.

Askush nuk mund të besonte se dikush që kishte bërë tërë atë udhë nëpër shkretëtirë bashkë me Pejgarnberin (s.a.v.), do të mund të ishte armik i tij. Duke parë këtë, disa hipokritë vendosën ta vrasin Pejgamberin (s.a.v.) duke e shtyrë nga majat e shkëmbijve të një gryke malore, që gjendej ndërmjet maleve të Akabesë.

Mirëpo, para arritjes së ushtrisë në këtë grykë malore, Allahu e paralajmëroi Pejgamberin (s.a.v.) për këtë plan të lig. Prandaj, Pejgamberi (s.a.v.) e urdhëroi tërë ushtrinë që të kalojë nëpër luginë, ndërsa ai me dy rojet e tij u nis nëpër shkëmbijtë. Kur komplotistët filluan t'i afrohen, ai u bërtiti me zë të lartë, kështu që ata e kuptuan se ai e dinte planin e tyre dhe shpejtuan t'i bashkohen ushtrisë e të fshihen ndërmjet ushtarëve të tjerë.

Më vonë, Pejgamberi (s.a.v.) i tuboi rreth tij ithtarët e vet dhe u rrëfeu për atë që kishte ndodhur. Ai nxorri para të gjithëve njerëzit që kishin kurdisur komplotin kundër tij dhe u tha të njëjtat fjalë që ata kishin folur mes tyre. Disa nga shoket e Pejgamberit (s.a.v.) thane se këta duheshin vrarë, por Pejgamberi (s.a.v.) i fali.

Posa arritën në Medine, Pejgamberi (s.a.v.) shkoi në xhami dhe u fal. Shumica e hipokritëve dhe e të ligëve, që nuk kishin shkuar me të në Tebuk, erdhën të shfajësohen për shkaqet e veprimeve të tyre të tilla. Tri njerëz, që kishin vlera shpirtërore dhe që nuk i ishin bashkangjitur ushtrisë, Pejgamberi (s.a.v.) i dënoi, që të leçitur të prisnin faljen nga Allahu. Pesëdhjetë ditë, askush nuk ndërroi një fjalë me ta. Më në fund, Allahu i shpalli Pejgamberit (s.a.v.) një ajet, në të cilin deklarohej se këta tri njerëz ishin të falur:

Në emër të Allahut, të Gjithëmëshirshmit, Mëshirëplotit!

"Allahu ia fali Pejgamberit, edhe muhaxhirëve edhe ensarëve, të cilët në çastin e vështirë shkuan pas tij, kur (nga vështirësitë) zemrat e një grupi nga ata, gati u lëkundën, por Ai ua fali (i qetësoi zemrat e) atyre. Vërtet Ai është i butë, i mëshirshëm ndaj tyre. (Ai ua fali) Edhe atyre të treve, të cilëve iu pat shtyrë aq (pranimi i pendimit) saqë toka u bë e ngushtë për ta, përkundër gjerësisë së saj, kur u ngushtuan edhe shpirtërat e tyre saqë u bindën se nuk ka strehim prej Allahut (tjetërku), pos te Ai. Prandaj edhe atyre ua fali Ai, në mënyrë që të pendohen. Allahu pranon pendimin se është mëshirues. O ju që besuat! Ta keni në kujdes Allahun dhe të jeni me ata të drejtit."

(Et Teube:117-119)

HAXHI I LAMTUMIRËS

Pejgamberi (s.a.v.) ishte duke u bërë prijësi më i fuqishëm në tërë Arabinë. Pas shembjes së idhujve të Qabes dhe islamit të kurejshëve, shumica e fiseve të tjera të Arabisë erdhën të deklarohen për Islamin. Viti, gjatë të cilit ata erdhën, më vonë do të quhej Viti i Delegimeve. Në çdo fis të ri që pranonte Islamin, Pejgamberi (s.a.v.) dërgonte nga një njeri të tij me qëllim që ti mësojë ata për fenë e re.

Gjithashtu, shumë njerëz vinin në Medine që personalisht ta pyesnin Pejgamberin (s.a.v.) për Islamin. Njëri prej fiseve dërgoi një njeri të madh e të fuqishëm, që njihej me emrin Dimam. Me të arritur në Medine, ai shkoi drejt e në xhami, ku rrinte Pejgamberi (s.a.v.) me shokët dhe u ndal para tij. Me zë të lartë dhe të vrazhdë ai pyeti: "Cili prej jush është i biri i Abdulmuttalibit?" Kur Pejgamberi (s.a.v.) u përgjigj, Dimami vazhdoi: "Unë do të të bëj një pyetje të vështirë, andaj mos më keqkupto. Kërkoj të betohesh në Allahun, Allahun tënd, Allahun e atyre para teje dhe Allahun e atyre që do të vijnë pas teje, se a thua vallë të ka dërguar Ai te ne si Pejgamberin e Tij?"

"Po, Ai më ka dërguar", u përgjigj Pejgamberi (s.a.v.)

"A të ka këshilluar të na udhëzosh që t'i shërbejmë Atij, të falemi pesë herë në ditë, të japim sadaka, të agjërojmë, ta bëjmë haxhin dhe të ndjekim ligjet e tjera të Islamit?", vazhdoi Dimami.

Kur Pejgamberi (s.a.v.) u përgjigj se Allahu me të vërtetë kështu e ka këshilluar, Dimami u bë musliman dhe duke ikur shtoi: "Atëherë unë do t'i bëj gjërat që na janë të lejuara dhe do t'u shmangem gjërave që i kemi të ndaluara, as më shumë e as më pak."

Ndërkohë, që Dimami përgatiste devenë e tij me qëllim që të nisej, Pejgamberi (s.a.v.) u tha njerëzve rreth tij: **"Nëse ky njeri është i sinqertë, atëherë ai do të shkojë në xhenet."** Kur Dimami arriti te njerëzit e tij, ata të gjithë menduan se është i marrë, mirëpo pas muzgut, kur ai mbaroi fjalimin e tij, në mesin e tyre nuk mund të gjendej njeri që s'e kishte pranuar Islamin. Kur u afrua koha e haxhit vjetor, u shpall lajmi se edhe Pejgamberi (s.a.v.) do të shkonte në Meke. Muslimanët u grumbulluan në Medine nga të gjitha anët e Arabisë, vetëm e vetëm që t'i bashkohen atij në rrugën e tij për në Qabe. Ashtu si arrinin, fiset e vendosnin kampin e tyre rreth qytetit, derisa më në fund u bënë mbi tridhjetë mijë frymë. Pejgamberi (s.a.v.) së bashku me familjen dhe shokët e tij, doli që t'i presë dhe t'u prijë për në haxh, por para se të nisen ai u priu në lutjen e përbashkët. Pas lutjeve, Pejgamberi (s.a.v.) hipi mbi devenë e tij dhe u nis në drejtim të Mekës, i ndjekur nga haxhilerët, shumica e të cilëve për herë të parë në shekujt e shkuar, e adhuronin të vetmin Zot, Allahun xh.sh. Pejgamberi (s.a.v.) dhe shokët e tij u prekën thellë nga pamja madhështore e numrit të madh të muslimanëve që u shkonin pas në Meke, ku të gjithë ishin të paarmatosur dhe sypatrembur. Atyre nuk mund të mos u kujtohej arratisja e tyre nga Meka kur ishin aq të paktë në numër dhe kur u detyruan të ikin vetëm e vetëm që t'i shmangen zemërimit të kurejshëve.

Duke udhëtuar për në Meke, besimtarët përsëritnin lutjen që u kishte mësuar Pejgamberi (s.a.v.), të cilën pjesë-pjesë e kishte pranuar nga meleku Xhibril. Prej atëherë, kjo lutje e quajtur *telbijje,* është pjesë e ritualit të haxhit. Ajo është përgjigje në thirrjen, që kishte bërë Ibrahimi kur, së bashku me Ismailin, kishin përfunduar ndërtimin e Qabes.

Lebbejke All-llahumme lebbejk, lebbejke la sherike leke lebbejk. Innel-hamde venni'mete leke vel-mulk, la sherike leke.

Ja ku jam, o Allah, në shërbimin Tënd, Ja ku jam, Ti nuk e ke shokun, ja ku jam. Të gjitha lutjet dhe bekimet janë për Ty edhe Sundimi! Ti nuk e ke shokun!

Dhjetë ditë më vonë, në kohën e muzgut, haxhilerët kaluan nëpër të njëjtin vendkalim, nëpër të cilin kishin hyrë në ditën e pushtimit të Mekes. Kur arritën në Qabe, Pejgamberi (s.a.v.) qëndroi përpara saj dhe u fal, e pastaj së bashku me të gjithë muslimanët e tjerë i bënë shtatë rrathë përqark Qabes duke i thënë lutjet e tyre me zë të lartë. Pas kësaj, ashtu *siç* kishte bërë edhe Ibrahimi; ata u nisën në drejtim të malit të Mëshirës (Xhebelurr-Rrahme) në Arefat, të cilën rrugë Pejgamberi (s.a.v.) e kaloi hipur mbi devenë e tij.

Nga mali, ai u priu njerëzve gjatë lutjes së përbashkët dhe pastaj u foli të tubuarve në rrafshinën e gjerë që shtrihej nën të. Ajo që tha Pejgamberi (s.a.v.) njihet me emrin **"Hutbeja e Lamtumirës"**, sepse ishte fjalimi i fundit i Pejgamberit (s.a.v.) para vdekjes së tij. Ai tha: **"Ju me siguri do të takoheni me Zotin tuaj dhe Ai do t'ju pyesë për punët tuaja."** Ai kërkoi nga muslimanët që të udhëhiqen nga Kurani dhe nga shembulli i tij personal. Kjo, tha ai, është mënyra më e mirë për të jetuar. Ai u urdhëroi ta braktisin mënyrën e jetesës që kishin para Islamit. Hakmarrja, njëra nga traditat më të vjetra në Arabi, mori fund njëherë e përgjithmonë; fajdeja u ndalua; prona duhet të respektohet. Gjërat, të cilat më parë ishin të ndaluara vetëm gjatë katër muajve tëe vitit, tani u ndaluan gjatë tërë vitit." Ai pastaj urdhëroi: **"Ta dini se çdo musliman është vëlla i muslimanit"**, e cila ishte një ide plotësisht e re për fiset që në të kaluarën kanë pasur shumë mosmarrëveshje midis tyre. Ai gjithashtu tha: **"Allahu secilit i ka dhënë të vetën, pikërisht atë që meriton."** Pas çdo çështjeje, Pejgamberi (s.a.v.) pyeste: "A **e kam shpjeguar mirë? A është plotësisht e qartë?"**

Të gjithë u përgjigjën: "Po". Sepse, këta njerëz ishin ata që do të duhej të bartnin porositë dhe këshillat e Pejgamberit (s.a.v.) për tek njerëzit e tjerë që nuk patën mundësinë të ishin aty, si dhe gjeneratave të ardhshme.

Pejgamberi (s.a.v.) tha: **"Unë u kam lënë dy gjëra. Në qoftë se ju u përmbaheni, atëherë do të jeni të shpëtuar. Ato janë Libri i Allahut dhe fjalët e Pejgamberit tuaj."** Pastaj pyeti: **"Mos vallë nuk e kam përcjellur shpalljen?"**

Të gjithë të tubuarit bërtitën: "Pafsha Allahun, po!"

"O Allah, Ti je dëshmitar për këtë", përfundoi Pejgamberi (s.a.v.).

Në emër të Allahut, të Gjithëmëshirshmit, Mëshirëplotit!

> *"...Tashmë, ata që mohuan, humbën shpresën për fenë tuaj (se do të ndërroni) andaj mos ju friksoni atyre, por m'u friksoni Mua. Sot përsosa për ju fenë tuaj, plotësova ndaj jush dhuntinë Time, zgjodha për ju Islamin fe..."*

(El - Maide:3)

Muslimanëve të shumtë filluan t'u lotojnë sytë, sepse e dinin se Pejgamberi (s.a.v.) ka përfunduar shpalljen e tij e atëherë jetës së tij doemos i kishte ardhur fundi.

Pasi e kaluan pjesën tjetër të "Ditës së Arefatit" në lutje dhe në falje, muslimanët filluan të përmbushin haxhin duke u kthyer në Meke me lutjen e *telbijjes* në buzët e tyre. Natën e parë gjatë kthimit e kaluan në Muzdelife. Aty mblodhën guralecë, të cilët të nesërmen i bartën me vete deri në Mina. Aty qëndruan para një shkëmbi të madh dhe e gjuajtën me gurë, si përkujtim të takimit të Ibrahimit me shejtanin, takim i cili kishte ndodhur pikërisht në atë vend. Kur Ibrahimi kishte marrë urdhërin e Allahut xh.sh., që të flijonte të birin, Ismailin, si sprovë për besimin e tij, shejtani ishte përpjekur ta bindë që të mos veprojë ashtu. Ai kishte ardhur te Ibrahimi në Mina, i cili kishte qënë duke zbatuar urdhërin e Allahut xh.sh., por Ibrahimi kishte marrë ca gurë dhe i kishte hedhur mbi të dhe në këtë mënyrë e kishte larguar shejtanin. Hedhja e gurëve në Mina, gjatë **"Haxhit të Lamtumirës"** të Pejgamberit (s.a.v.), u bë edhe një ritual, të cilin muslimanët e bënë gjatë haxhit vjetor të tyre, që gjithashtu nënkupton se duhet të vazhdojnë flakjen e shejtanit atëherë kur ai përpiqet t'i zbrapsë ata nga nënshtrimi i tyre ndaj Allahut xh.sh.

Pas hedhjes së këtyre gurëve, haxhilerët flijuan dele dhe deve, kurse mishin ua dhanë të varfërve. Në këtë mënyrë përkujtohet besimi i lartë i Ibrahimit, të cilit kur ishte i gatshëm të flijojë Ismailin, në vend të të birit, Allahu i kishte dërguar një dash. Pastaj muslimanët e përfunduan haxhin duke bërë përsëri shtatë rrathë rreth e përqark Qabes -tavafe.

Ata pastaj i prenë flokët dhe thonjtë dhe i ndërruan rrobet e bardha që të tregojnë se përsëri i kthehen jetës së tyre të përditshme. Para se të kthehen në Medine, muslimanët kaluan tri netë në luginën e Mines, ku dhe bënë përgatitjet përfundimtare për t'u kthyer në shtëpi.

Sa i përket Pejgamberit (s.a.v.), ai bëri edhe një vizitë të fundit para nisjes nga Meka. Kjo qe vizita e varrit të gruas së tij të devotshme, Hatixhes, e cila kishte qenë njeriu i parë që besoi në Shpalljen e Allahut xh.sh., nëpërmjet tij. Pejgamberi (s.a.v.) e dinte se kjo është hera e fundit që viziton varrin e saj apo Meken, sepse gjatë kohës së haxhit kishte pranuar një sure nga Kurani, që quhet "Ndihmë", që ai e dinte se vdekja e tij nuk është shumë larg.

Në emër të Allahut, të Gjithëmëshirshmit, Mëshirëplotit!

> *"Kur erdhi ndihma e Allahut dhe çlirimi (ngadhnjimi) dhe i pe njerëzit që po hyjnë turma - turma në fenë e Allahut. Ti, pra, lartësoje Zotin tënd duke falenderuar dhe kërko nga Ai falje. Ai Vërtet pranon shumë pendimin, është Mëshirues i madh."*

(En Nasr: l-3)

VDEKJA E PEJGAMBERIT (S.A.V.)

Një natë, menjëherë pas kthimit të tij në Medine, Pejgamberi (s.a.v.) u zgjua në mesnatë dhe e luti shërbëtorin e vet Abdullahun që t'i shalojë devenë e tij. Pastaj ata dolën nga shtëpia dhe u nisën për në Xhennetul Baki, ku ishin varrezat e muslimanëve. Pejgamberi (s.a.v.) u ndal atje dhe qëndroi para varreve ku ishin varrosur muslimanët dhe u lut për ta. Më vonë, Abdullahu rrëfente: "Pejgamberi (s.a.v.) me tha se i është urdhëruar që të lutet për të vdekurit dhe se edhe unë do të duhej të shkoja me të." Pasi Pejgamberi (s.a.v.) ishte falur, u kthye nga Abdullahu dhe i tha: **"Unë mund të zgjedh ndërmjet të gjitha pasurive të kësaj bote, jetës së gjatë e pastaj xhennetit, apo ta takoj tim Zot dhe të hyj në xhennet menjëherë."** Abdullahu e përbeu që të zgjedhë jetë të pasur e të gjatë që do t'i paraprijë xhennetit, mirëpo Pejgamberi (s.a.v.) i tha se ai tanimë e kishte zgjedhur: më mirë të takohet me Zotin e tij sesa të mbesë në këtë botë.

Të nesërmen në mëngjes, Pejgamberi (s.a.v.) u zgjua me një dhembje të tmerrshme të kokës, mirëpo, megjithë këtë ai u priu lutjeve në xhami. Nga fjalët që më pas u tha njerëzve të tubuar, ata e kuptuan se atij i ishte afruar vdekja. Pejgamberi (s.a.v.) lëvdoi mikun e tij më të ngushtë, Ebu Bekrin, i cili kishte filluar të qajë dhe u tha të gjithëve se përsëri do të mund të takohen të gjithë së bashku në xhennet. Pastaj shtoi se, megjithëse ishte i sigurtë se ata do të adhuronin vetëm Allahun xh.sh., kishte frikë se ndoshta do t'i tërheqin kënaqësitë e kësaj bote dhe do të fillonin të konkurojnë njëritjetrin për të patur përfitime materiale, duke harruar kështu vlerat shpirtërore.

Shpejt pas kësaj, Pejgamberi (s.a.v.) kërkoi që të vendoset në dhomën e Aishes, njërës nga gratë e tij. Me kalimin e ditëve, ethet i bëheshin gjithnjë e më të këqija, saqë një ditë u bë aq keq saqë nuk ishte në gjendje të shkojë as në xhami, e cila gjendej afër vendit ku banonte Aisheja. Pejgamberi (s.a.v.) i tha Aishes që t'u thotë muslimanëve ta lejojnë Ebu Bekrin, babanë e saj, t'u prijë gjatë të falurit, gjë që ata i pikëlloi shumë, sepse kjo ishte hera e parë që vendin e Pejgamberit e zinte dikush tjetër.

Më vonë, në ditën e 12-të të Rebiul Evvelit, në vitin e 11-të të Hixhrit (8 qershor, 623 e.r.), Pejgamberi (s.a.v.) dëgjoi ca zëra njerëzish që ishin duke u falur. Me mundime të mëdha ai u ngrit dhe nga dera i shikoi të gjithë ata muslimanë që ishin të rreshtuar në kolona prapa Ebu Bekrit; ai buzëqeshi me një kënaqësi të madhe. Ebu Bekri pasi e pa, bëri një hap prapa me qëllim që Pejgamberi (s.a.v.) të vijë në vendin e vet. Muslimanët u gëzuan shumë, sepse ata mendonin se ai do t'u printe atyre gjatë lutjeve, ashtu siç bënte edhe më parë, por Pejgamberi Muhammed (s.a.v.), i cili atë çast rrezatonte me një

bukuri shkëlqyese, u dha shenjë që të vazhdojnë me të tyren. Ai u fal i ulur në të djathtë të Ebu Bekrit, e pas kësaj përsëri u kthye brenda dhe e mbështeti kokën në prehërin e Aishes. Ai kishte aq dhembje të mëdha, sa e bija Fatimeja filloi të qajë me të madhe. Atëherë Pejgamberi (s.a.v.) i tha: **"Për babanë tënd pas ditës së sotme nuk do të ketë më dhembje; me të vërtetë, vdekja më është afruar. Të gjithë ne duhet ta durojmë atë derisa të vijë Dita e gjykimit."** Duke ndenjur ashtu i shtrirë, Aishes iu kujtua se njëherë kishte thënë: **"Allahu kurrë nuk e merr Pejgamberin tek Ai pa i dhënë mundësi për të zgjedhur."** Pastaj ajo e dëgjoi Pejgamberin (s.a.v.) duke folur. Fjalët e tij të fundit qenë: **"Jo, më mirë bashkësia e lartësuar e Xhennetit."**
Atëherë Aisheja tha me vete: "Pasha Allahun, ai nuk na zgjodhi neve!"
Kur njerëzit në xhami dëgjuan se Pejgamberi (s.a.v.) ka vdekur, ata u pikëlluan pa masë. Umeri nuk mundej dhe nuk deshi të besojë, prandaj edhe thoshte se kjo nuk ishte e vërtetë. Pastaj Ebu Bekri doli jashtë dhe iu drejtua njerëzve me një zë të qetë, duke u thënë: "Të gjitha lëvdatat i takojnë Allahut! O njerëz, kushdo që e adhuronte Muhammedin, Muhammedi është i vdekur. Por, për atë që e adhuron Allahun, Allahu jeton dhe nuk vdes kurrë." Pastaj i lexoi këto ajete nga Kurani, të cilat ishin shpallur pas betejës së Uhudit:

Në emër të Allahut, të Gjithëmëshirshmit, Mëshirëplotit!

> *"Muhammedi nuk është tjetër vetëm se i Dërguar. Edhe përpara tij ati të dërguar (që vdiqën ose u vranë). E nëse ai vdes ose mbytet, a do të ktheheshit ju prapa (nga feja ose nga lufta)? E kushdo që kthehet prapa, ai nuk i bën dëm Allahut aspak, kurse Allahu do t'i shpërblejë mirënjohësit. Askush nuk vdes pa vullnetin dhe lejen e Allahut. Ai është shënim i afatit të caktuar. E kush e dëshiron shpërblimin e kësaj bote, ne atij ia japim, e kush e dëshiron shpërblimin e botës tjetër, edhe atij do t'ia japim atë, kurse mirënjohësit Ne do t'i shpërblejmë."*

(Ali Imran: 144-145)

Pas kësaj, njerëzit u zotuan për besnikëri ndaj Ebu Bekrit, të cilin Pejgamberi (s.a.v.) e kishte zgjedhur që t'u prijë njerëzve gjatë faljes së tyre. Ebu Bekri e pranoi këtë dhe atë që deshi të thotë e tha me këto fjalë:
"Mu bindni mua për aq sa unë i jam bindur Allahut dhe të Dërguarit të Tij. Por nëse unë tregoj mosbindje ndaj Allahut dhe Pejgamberit të Tij, atëherë asgjë

nuk ju detyron të më bindeni. Ngrihuni për lutjen tuaj, Allahu ka mëshirë për ju!"

Njerëzit u ngritën dhe pyetën: "Ku do të varroset Pejgamberi (s.a.v.)?" Ebu Bekrit iu kujtua se Pejgamberi i kishte thënë: **"Asnjë Pejgamber nuk vdes në qoftë se nuk varroset aty ku ka vdekur."** Dhe kështu, Pejgamberi (s.a.v.) u varros në një varr që u hap në dyshemenë e dhomës së Aishes, në shtëpinë pranë xhamisë. Vendi u bë i njohur si "Harem en-Nebevi", ndërsa muslimanët nga e gjithë bota shkojnë aty që të falen dhe të bekojnë e urojnë paqe për Pejgamberin, Muhammedin (s.a.v.).

"Dhe ti padyshim do të kesh shpërblim të pandërprerë!
Vërtet ti je në një shkallë të lartë të moralit!"

(El Kalem: 3-4)

Përmbledhje e Haditheve nga "Esh – Shemail" prej Tirmidhiut

PAMJA DHE TIPARET E PEJGAMBERIT (S.A.V.)

Enes ibn Maliku thotë se Pejgamberi (s.a.v.) kishte shtat mesatar, duke mos qenë as shumë i gjatë e as shumë i shkurtër. Fytyrën e kishte mjaft simetrike, ndërsa flokët nuk i kishte shumë kaçurrela apo shumë të drejta; pamja e tij ishte burrërore.

Ibrahim ibn Muhammed ibn Ali ibn Ebu Talibi thotë:"... Zemra e tij ishte shumë më e lirë se sa ajo e të tjerëve; por nga natyra ishte shumë më i butë nga të tjerët, në jetën shoqërore ishte më bujar se të tjerët. Kushdo që e takonte, papritmas ndjente repsekt për të; kushdo që njoftohej me të, nuk mundej të mos e donte. Rrëfyesi thotë se kurrë më parë nuk ka parë dikë të ngjashëm me të."

Hindi thotë se Pejgamberi (sa.v.) ishte i madh, në fakt ai ishte vetë madhështia. Fytyra e tij shndriste si hëna e plotë. Kishte peshë mesatare, printe nga gjatësia por ishte më i shkurtër se njerëzit e gjatë... Të ecurit e kishte të lehtë dhe të sigurt, sikur zbriste nga një shkallë më e lartë në një më të ulët. Sa herë që shikonte diçka, shikonte drejt në të; sytë e tij zakonisht ishin të ulur, më tepër të drejtuar nga toka sesa nga qielli. Gjërat e kësaj bote, Pejgamberi (s.a.v.) çdoherë i shikonte me bishtin e syrit. Ithtarët e tij i lejonte të ecin përpara ndërsa kur takohej me muslimanët e tjerë, i përshëndeste i pari.

Xhabir ibn Semureh thotë: "Pejgamberi i Allahut (s.a.v.) kishte gojë të gjerë. Sytë i kishte ngjyrë kafeje e të ndritshëm. Njëherë e pashë Pejgamberin (s.a.v.) në dritën e hënës. Ai kishte hedhur mbi trup një mantel të kuq dhe unë me qëllim e pashë kundruall hënës. Ai mu duk dukshëm më i bukur se hëna vetë."

Ebu Hurejre thotë se Pejgamberi (s.a.v.) kishte një pamje sikur të ishte bërë prej argjendi. Në flokët e tij kishte një balluke.

Se'id Xhurejri rrëfen që e kishte dëgjuar Ebu Tufejlin duke thënë se e kishte parë Pejgamberin e Allahut:"... Pastaj Se'idi kërkoi nga ai që ta përshkruajë Pejgamberin (s.a.v.). Ai u përgjigj se Pejgamberi (s.a.v.) kishte pamje të skuqur në të bardhë, ishte i bukur dhe kishte sjellje të matur."

Ebu Bekri i tha Pejgamberit (s.a.v.) se megjithëse ishte në gjendje të mirë fizike, ishte gjë e çuditshme që dukej i plakur. Ai iu përgjigj se ajetet e përmendura më poshtë e kanë plakur atë, sepse në këto ajete përshkruhen Dita e Ringjalljes dhe xhehennemi.(Fjala është për ajetet e sures Hud, elVakia, el-Murselat, en-Nebe dhe et-Tekvir). Atë e plakën ankthi dhe brenga për njerëzimin.

Ebu Se'id el Hudriu thotë se kur Pejgamberi i Allahut vishej me rroba të reja, atëherë thoshte se Allahut duhet t'i takojë çdo lëvdatë që i kishte dhënë rroba të reja, e pastaj do të fillonte të lutej për shenjtërinë e rrobave...

Semureh ibn Xhundub rrëfen se Pejgamberi (s.a.v.) ka thënë:

"Vishuni me rroba të bardha; ato me të vërtetë janë të pastra dhe të dlira; edhe kur të vdisni, mbështilluni me to."

Ebu Hurejre rrëfen se Pejgamberi (s.a.v.) ka thënë: **"Kur dikush nga ju mbath këpucët, atëherë duhet të fillojë me këmbën e djathtë. Kur t'i zbathë këpucët, duhet të fillojë me këmbën e majtë, ashtu që e djathta të jetë e fundit."**

Aishja thotë se sa i përket shprehive personale, siç janë rregullimi i flokëve, mbathja e këpucëve dhe përgatitjet e tjera, Pejgamberi (s.a.v.) çdoherë fillonte nga e djathta.

Ebu Hurejre thotë se kurrë nuk kishte parë diçka më të bukur se Pejgamberi (s.a.v.), nga fytyra e të cilit dukej sikur shndriste dielli, si dhe nuk kishte parë askënd më të shpejtë në të ecur sesa Pejgamberi (s.a.v.), sepse kur ecte ai, dukej sikur vetë toka rrotullohej për të. Shokët e tij mundoheshin të mbajnë hapin me Pejgamberin (s.a.v.) madje edhe kur ai ecte me nge. Ibrahim ibn Muhammedi, i cili ishte njëri nga pasardhësit e Ali ibn Ebu Talibit, thotë se, kur Aliu e përshkruante Pejgamberin (s.a.v.), e kishte zakon të thotë se Pejgamberi (s.a.v.) ecte fuqishëm sikur çdoherë të ishte duke zbritur diku poshtë shkallëve.

Abdurrahmani, i biri i Ebu Bekrit, në bazë të tregimeve të të atit, tregon se Pejgamberin (s.a.v.) e kishin pyetur se a thua ishte në gjendje të tregonte se cilat ishin mëkatet më të mëdha ... Pejgamberi (s.a.v.) u kishte thënë se ato ishin përpjekja për t'u matur me Zotin dhe mosbindja ndaj prindërve... Në vazhdim, Pejgamberi (s.a.v.) tha se edhe gënjeshtra mund të hyjë në mesin e mëkateve më të mëdha.

Ebu Ejub el-Ensari thotë se njëherë, duke qenë në shoqëri me Pejgamberin (s.a.v.), u kishin shtruar sofrën. Ushqimi që hëngrën në fillim ishte shumë më i bekuar se ai që hëngrën në fund. Ai pastaj kishte thënë: "O Pejgamber (s.a.v.)! Si ndodhi kjo?" Pejgamberi (s.a.v.) ishte përgjigjur se, në fillim kur kishin filluar të hanë kishin përmendur emrin e Allahut, por më vonë duke ngrënë, atë nuk e kishin përsëritur më dhe se me ta kishte ngrënë edhe shejtani.

Aishja tregonte se Pejgamberi (s.a.v.) kishte thënë se, në qoftë se dikush harron të thotë *"Bismil-lah"* (Me emrin e Allahut), para se të fillojë të hajë, atëherë duhet që emrin e Allahut ta përkujtojë në këtë mënyrë: **"Qoftë me emrin e Allahut fillimi dhe mbarimi i kësaj".**

Umer ibni Ebu Selemeh thotë se shkoi te Pejgamberi (s.a.v.). Pejgamberi (s.a.v.) i tha: **"O bir, afrohu! Kujtoje emrin e Allahut dhe ha me dorën e djathtë dhe atë nga ajo anë që ke më afër."** Ebu Se'id el-Hudrij thotë se kur Pejgamberi (s.a.v.) mbaronte së ngrëni, kishte zakon të thoshte: **"Të gjitha lëvdatat i takojnë Allahut që na dha të hamë e të pimë e na bëri muslimanë."**

Enes ibn Maliku thotë: **"Allahu me të vërtetë kënaqet me ata që hanë një kafshatë e pinë një gllënkë e pastaj e lëvdojnë Atë."**

Tregohet se Pejgamberi (s.a.v.) ka thënë: **"Nëse dikujt prej jush i jepet një lule aromatike, atëherë ai nuk duhet ta refuzojë, sepse lulet vijnë nga xhenneti".**

Aishja thotë se Pejgamberi (s.a.v.) nuk ka folur shpejt siç bënin të tjerët, por ka folur qartë dhe duke theksuar çdo fjalë, ashtu që ai, i cili i ulej praën, të ishte në gjendje që të mbajë mend çdo fjalë.

Hind bint Ebu Halah... thotë se Pejgamberi (s.a.v.) kryesisht rrinte i heshtur. Ai nuk fliste pa nevojë. Bisedën e fillonte dhe e mbaronte qartë. E folura e tij nuk ishte e kotë, por fliste me elokuencë. Kurrë nuk ishte i padrejtë ndaj dikujt e as nuk lejoi që dikush të mos përfillet... Bota dhe sendet në të nuk e shqetësonin. Mirëpo, kur nuk përfillej e vërteta, atëherë asgjë nuk mund ta qetësonte zemërimin e tij derisa detyrohej të zbatonte urdhërat dhe obligimet fetare. Ai nuk mbrohej nga asnjë aspekt i natyrës së tij, e as nuk hakmerrej ndaj dikujt... Kur ishte i zemëruar shikonte mënjanë, kurse kur ishte i kënaqur shikonte poshtë. Gazi më i madh i tij ishte buzëqeshja.

Ebu Hurejre tregon se Pejgamberi (s.a.v.) ka thënë se fjalët më të mira, të cilat ndonjë poet arab i ka shkruar ndonjëherë, janë vargjet e Labidit, që fillojnë kështu: **"Ruajuni! Çdo gjë prishet e vdes, përveç Allahut".** El-Bera ibn Azib-i rrëfen se kur Pejgamberi (s.a.v.) shtrihej në shtrat, e kishte zakon që pëllëmbën e djathtë ta verë mbi faqen e djathtë dhe të thotë: **"O Allah! Më ruaj nga dënimi në ditën kur vullneti Yt do t'i ngrejë krijesat e Tua."**

Kur Pejgamberi (s.a.v.) binte të flejë, thoshte: **"O Allah! Me emrin Tënd bie dhe me emrin Tënd ngrihem"**; ndërkaq kur zgjohej thoshte; **"Qoftë i lëvduar Allahu që na ngjalli, atëherë kur ishim bërë gati të vdesim; dhe ringjalljen do ta bëjë Ai".**

Aishja thotë se kur Pejgamberi (s.a.v.) binte të flejë, çdo mbrëmje i bashkonte dhe i hapte pëllëmbët e tij dhe lexonte këto sure të Kuranit: *Kulhuvall-llahu ehad, Kul eudhu bi Rabbi'l Feiek dhe Kul Eudhu bi RabbinNas.* Pastaj me duart e tij mbështillte trupin e vet aq sa kishte mundësi. Pastaj e fërkonte kokën dhe fytyrën, si dhe pjesën e përparme të trupit të tij.

AGJËRIMI VULLNETAR I PEJGAMBERIT (S.A.V.)

Enes ibn Malikun e kishin lutur që të vlerësojë agjërimin e Pejgamberit (s.a.v.). Ai u përgjigj se gjatë muajve të caktuar, Pejgamberi (s.a.v.) e zgjaste aq shumë agjërimin e tij, saqë njerëzit mendonin se nuk do ta ndërpresë kurrë, ndërkaq në muajt e tjerë, e ndërpriste aq shumë agjërimin, saqë të tjerët mendonin se nuk do të agjerojë më kurrë. "Po të deshit që ta shihnit Pejgamberin (s.a.v.) duke u lutur gjatë natës, atëherë çdo herë do ta shihnit të tillë, por edhe po deshit ta shihnit duke fjetur, edhe ashtu do ta shihnit."

Aisheja thotë se Pejgamberi (s.a.v.) agjëronte të hënave dhe të enjteve. Aisheja pastaj tregon se Pejgamberi (s.a.v.) më shumë agjëronte gjatë ditëve të muajit Sha'ban se sa gjatë ndonjë muaji tjetër.

Pejgamberi (s.a.v.) pëlqente vetëm ato veprime, të cilat personi përgjegjës i kryente rregullisht. Ebu Salihu thotë se kishte pyetur Aishen dhe Ummu Selemen, se cilat janë ato veprime që Pejgamberi (s.a.v.) i pëlqen më shumë. Që të dyja iu përgjigjën: "Veprimet që çdoherë mund të kryhen rregullisht, qofshin ato të vogla apo të mëdha."

TË LEXUARIT E KURANIT NGA ANA E PEJGAMBERIT (S.A.V.)

Dikush e pyeti Ummu Selemen rreth asaj se, në ç'mënyrë Pejgamberi (s.a.v.) e lexonte Kuranin. Ajo i tha se leximi i Kuranit nga Pejgamberi (s.a.v.) ishte i qartë dhe se çdo shkronjë shqiptohej si duhet. Ibn Abbasi thotë se leximi i Pejgamberit (s.a.v.) ishte i atillë, që kur ai lexonte brenda në dhomë, edhe njeriu që gjendej në oborr mund ta dëgjonte shumë qartë.

PËRULËSIA E PEJGAMBERIT (S.A.V.)

Enes ibn Maliku rrëfen se Pejgamberi (s.a.v.) e kishte zakon të vizitojë të sëmurët dhe të shoqërojë xhenazet e varrimit, t'i hipë gomarit e madje edhe t'i pranojë ftesat e robërve.

Husejni thotë se... babai i tij kishte thënë se kur Pejgamberi (s.a.v. erdhi në shtëpi, ai kohëqëndrimin e vet e kishte ndarë në tri pjesë. Njërën pjesë e ruajti për Allahun, të Plotfuqishmin, tjetrën për familjen, ndërsa atë që mbetej e mbante për vete. Pjesën e tij e ndau në mes vetes dhe të tjerëve. Ai më pas vazhdon: "Sillini tek unë hallet e atij që nuk është në gjendje të vijë vetë, sepse këmbët e atij që i sjell këto lajme, për ata që nuk mund t'i sjellin vetë, në Ditën e Gjykimit do të qëndrojnë drejt." Husejni thotë:"... babai i tij u përgjigj se Pejgamberi (s.a.v.) thirrej në emrin e Allahut edhe kur ulej edhe kur ngrihej në këmbë."

SJELLJET E PEJGAMBERIT (S.A.V.)

Enes ibn Maliku thotë:"... për të gjitha ato që i bëri, Pejgamberi (s.a.v.) nuk e pyeti kurrë: "Pse e bëre atë gjë?" dhe as që Pejgamberi mori në përgjegjësi dikë për ndonjë gabim të bërë a lëshim e t'i thotë: "Pse nuk e bëre këtë?" Në bazë të sjelljeve që kishte, Pejgamberi (s.a.v.) ishte njeriu më i mirë i njerëzimit."

Aisheja thotë:"... ai nuk e ktheu të keqen me të keqe, por e kishte zakon të falë. Aisheja thotë se Pejgamberi (s.a.v.) kurrë dhe askënd nuk goditi, përveç gjatë xhihadit."

Enes ibn Maliku thotë se Pejgamberi (s.a.v.) asgjë nuk mbante për vete për të nesërmen.

ËNDËRRIMI I PEJGAMBERIT

Abdullah ibn Mes'udi thotë se Pejgamberi (s.a.v.) i kishte thënë: **"Kushdo që më sheh në ëndërr, në të vërtetë më sheh, sepse shejtani nuk mund të marrë trajtën time."**

FAMILJA E PEJGAMBERIT (S.A.V.). BASHKËSHORTET E PEJGAMBERIT (S.A.V.)

Gruaja e parë e Pejgamberit (s.a.v.) ishte Hatixheja, e bija e Huvejidit. Ajo ishte një grua e ndershme dhe e pasur, që merrej me tregti, e cila para se të martohej me Pejgamberin (s.a.v.), kishte mbetur e ve dy herë. Ai atëherë ishte njëzet e pesë vjeçar, ndërsa ajo ishte dyzet vjeçe. Gjatë njëzet e pesë viteve të ardhshme, ajo qe gruaja e vetme dhe nëna e fëmijëve të tij: Zejnebes, Rukijes, Ummu Kulthumit dhe Fatimes. Gjithashtu kishte edhe dy djem, Kasimin dhe Abdullahun, të cilët vdiqën që foshnje.

Pas vdekjes së Hadixhes, Pejgamberi (s.a.v.) u martua me Sevdanë nga fisi Benu Amir. I ati i saj ishte ndër të parët që e kishte pranuar Islamin. Ajo ishte vejushë e njërit prej shokëve muslimanë që u shpërngulën në Abisini, por që vdiq gjatë kthimit në Meke. Asokohe ai ishte i fejuar me Aishen, të bijën e Ebu Bekr Es-Siddikut, shokut të Pejgamberit (s.a.v.). Pasi Aisheja ishte shumë e re për t'u martuar, martesa u shty për tri vjet më vonë. Pjesa më e madhe e haditheve vjen nga Aisheja.

Pastaj Pejgamberi (s.a.v.) u martua edhe me gra të tjera. Njëra prej tyre ishte Hafsa, e bija e Umer ibn ul-Hattabit. Kur i vdiq i shoqi pas plagëve të marra në betejën e Bedrit ajo mbeti vejushe. Ishte shumë e re kur mbeti e ve. Pejgamberi (s.a.v.) u martua me të tri vjet pas hixhrit.

Vejusha tjetër, me të cilën Pejgamberi (s.a.v.) u martua, ishte edhe Zejnebja, e bija e Huzejmit. Burri i saj vdiq si dëshmor në betejën e Bedrit. Ajo u bë e njohur si nëna e varfanjakëve, për shkak të zemërgjerësisë dhe kujdesit të posaçëm që tregonte ndaj të varfërve.

Ummu Seleme ishte bija e Ebu Umejjeh ibn el Mugire, njërit nga prijësit e kurejshëve. Në fillim ajo u martua me Ebu Selemen dhe së bashku u shpërngulën në Abisini. Kur më vonë, pas plagëve të marra në Betejën e Uhudit ai vdiq, ajo u bë njëra nga gratë e Pejgamberit.

Një vit pas betejës së Hendekut, Pejgamberi (s.a.v.) edhe një herë luftoi kundër Benu el-Mustalikëve dhe i mundi. Berrehu erdhi me plaçka të shumta në kampin e muslimanëve, si bija e prijësit të njerëzve të saj.

Pejgameri (s.a.v.) e mbrojti nga poshtërimet dhe u martua me të, ia ndërroi emrin në Xhuverije.

Zejneb bin Xhahsh ishte vajza e hallës së Pejgamberit (s.a.v.), motrës së Abdullahut. Pejgamberi (s.a.v.) e martoi atë me djalin e adoptuar të tij, Zejd ibn Harithin, i cili ishte një rob i çliruar. Pesë vjet pas hixhrit ata u shkurorëzuan. Islami nuk e njihte institucionin e adoptimit, andaj Pejgamberit (s.a.v.) iu shpall një ajet i Kuranit, në të cilin atij iu urdhërua të martohet me Zejneben.

Ummu Habibe, e bija e Ebu Sufjanit, e përkrahu Islamin dhe së bashku me të shoqin e saj të parë u shpërngulën në Abisini, ku ai u bë i krishterë. Si rezultat i kësaj, kjo martesë me Ummu Habiben u ndërpre. Më vonë burri i saj vdiq. Pejgamberi (s.a.v.) e kuptoi vështirësinë e saj dhe nëpërmjet Nexhashiut rregulloi martesën me të. Ajo dha pëlqimin e saj. Safija ishte bija e prijësit të fisit hebre Benu Nadir. I ati i saj ishte njëri nga armiqtë e përbetuar të Pejgamberit (s.a.v.). Kur ky fis u dëbua nga Medineja, babai i saj u vendos në Hajber. Pas rënies së Hajberit, në vitin e shtatë të hixhrit, Safija u zu rob. Ajo e pranoi Islamin dhe Pejgamberi (s.a.v.) u martua me të. Mejmune ishte bija e Harithit nga fisi i Havazinëve dhe kunata e El Abbasit, xhaxhait të Pejgamberit. Ajo ishte e ve dhe jetonte në Meke. Pejgamberi (s.a.v.) u martua me të, kur pas shumë viteve të mërgimit, së bashku me ithtarët e tij hyri në Meke.

Pas marrëveshjes së Hudejbijes, Pejgamberi (s.a.v.) me ftesë personale ftoi Sirinë, Egjiptin dhe viset e tjera që t'i bashkohen Islamit. Mukaukisi, kryetari i koptëve të Egjiptit, i dërgoi Pejgamberit (s.a.v.) si dhuratë Marijen, e cila ishte një vashe kopte. Ajo ishte e vetmja grua pas Hatixhes, e cila i lindi Pejgamberit (s.a.v.) një djalë që e quajtën Ibrahim, i cili vdiq në fëmijëri.

Zejnebja u martua me Ebu el As Rebi'un, e ëma e të cilit ishte motra e Hatixhes. Rukijje dhe Ummu Kulthumi u martuan me Utben dhe Utejben, djemtë e Ebu Lehebit. Sidoqoftë, me ardhjen e Islamit këto martesa u prishën. Më vonë, Uthman ibn Affani u martua me Rukijjen, kurse pas vdekjes së saj, me të motrën Ummu Kulthumin.

Fatimeja u martua me Ali ibn Ebu Talibin, kushëririn e Pejgamberit (s.a.v.) dhe lindi fëmijët Hasanin, Husejnin dhe Zejneben.

FJALORTHI

Abbasi - Njëri nga xhaxhallarët e Pejgamberit (s.a.v.), kaloi në Islam dhe iu bashkua muslimanëve në çastin kur ata po hynin në Meke.

Abdullahu - Djali më i ri i Abdulmuttalibit. Babai i Pejgamberit (s.a.v.).

Abdullahu ibn Ebi Rebi'ah - Së bashku me Amr ibn el Asin u dërguan në Abisini.

Abdullah ibn Ubejji - Njëri nga sunduesit e Jethribit para hixhretit. Ai u bë musliman, por nga ana tjetër bëri komplot të fshehtë bashkë me mekasit kundër Pejgamberit (s.a.v.).

Abdulmenafi - Djali i Kusejjit; u bë prijës i kurejshëve pas vdekjes së të atit.

Abdulmuttalibi - I biri i Hashimit. Zuri vendin e të atit si kryepar i kurejshëve. Ai hapi burimin e Zemzemit.

Addasi - Shërbëtor i krishterë i njërit prej fiseve të mëdha të Taifit dhe njeriu i vetëm nga ky qytet që besoi në Pejgamberin (s.a.v.) kur ai erdhi në këtë qytet.

Aisheja - Gruaja e Pejgamberit (s.a.v.) dhe e bija e Ebu Bekrit.

Aliu - Djali i Ebu Talibit. Kushëriri i parë i Pejgamberit (s.a.v.). Më vonë, Aliu u martua me Fatimenë, bijën më të re të Pejgamberit (s.a.v.).

Allahu Ekber - Thënie që do të thotë: "Zoti është më i Madhi".

Amineh - Emineja, Amineh bintu Vehb - Nëna e Pejgamberit (s.a.v.)

Amr ibn el Asi - Njeri i mençur dhe i rëndësishëm në mesin e kurejshëve; u dërgua në Abisini për t'i kthyer prapë të shpërngulurit e parë muslimanë. Më vonë u bë njeri nga luftëtarët më të mëdhenj të Islamit. **Beduinë** - Endacakë arabë të shkretëtirës, zakonisht barinj.

Behira - Një murg që jetonte në shkretëtirë, në rrugën e karvanit të kurejshëve për në Siri.

Benu Hashimi - Degë e kurejshëve, së cilës i takonte Pejgamberi (s.a.v.)

Benu Kurejdheh - Një fis hebre që jetonte në Jethrib në kohën kur Pejgamberi (s.a.v.) arriti atje. Ata e shkelën disa herë marrëveshjen e tyre me Pejgamberin (s.a.v.), duke e detyruar atë që të luftojë me ta.

Bilali - Robi i Umejje ibn Halerit. Ai u bë musliman përkundër vullnetit të zotërisë së tij, prandaj edhe hoqi shumë, por kurrë nuk e humbi besimin e tij. Më vonë u bë muezin i parë (njeriu që thërret ezanin).

Bismil-lahirr-Rahmanirr-Rahim - Thënie që do të thotë: "Në emër të Allahut, të Gjithëmëshirshmit, Mëshirëplotit!"

Burak - Kafsha, së cilës i hipi Pejgamberi (s.a.v.) gjatë ngritjes në qiell (Isra' dhe mi'raxhi).

Ebrehe - Mbreti i Jemenit, i cili erdhi në Meke me një ushtri të madhe për të shkatërruar Qaben.

Ebu Bekri - Tregtar i pasur dhe i nderuar nga Meka. Burri i parë që besoi në Pejgamberin (s.a.v.) dhe përqafoi Islamin. Ai ishte shoku dhe miku më i mirë i Pejgamberit (s.a.v.).

Ebu Duxhane - Njëri nga luftëtarët më të mëdhenj Ensarë. Ky ishte ai, i cili u vra në betejën e Uhudit, kur me trupin e tij i shpëtoi jetën Pejgamberit (s.a.v.).

Ebu Lehebi - Njëri nga xhaxhallarët e Pejgamberit Muhamed (s.a.v.), i cili ishte armik i madh i Islamit. Në Kuran është përmendur në suren 111.

Ebu Sufjani - Njëri nga udhëheqësit kurejshë, që u priu mosbesimtarëve në luftrat e tyre kundër Pejgamberit (s.a.v.). Më në fund u bë musliman. Gruaja e tij ishte Hindi.

Ebu Talibi - Xhaxhai i Pejgamberit (s.a.v.), babai i Aliut, njëri nga njerëzit e ndershëm të kurejshëve, u kujdes për Pejgamberin (s.a.v.) pas vdekjes së gjyshit të tij dhe vazhdoi ta mbrojë derisa vdiq.

Ebu Xhehli - Njëri nga njerëzit më të rëndësishëm të kurejshëve. E kundërshtoi ashpër Islamin dhe bëri shumë gjëra për t'i bërë dëm Pejgamberit (s.a.v.). U vra në betejën e Bedrit.

Ensarë - Banorë të Medines që u bënë muslimanë dhe e ftuan Pejgamberin (s.a.v.) që të vijë e të jetojë me ta.

Esselamu alejkum ue rahmetull-llahi ue berekatuhu - Thënie që përdoret gjatë përshëndetjes së muslimanëve, e cila do të thotë:" Paqja, Mëshira dhe Bekimi i Allahut qofshin mbi ju." **Ezani** - Thirrja për t'u falur në namaz.

Faltore - Vend i shenjtë; vendstrehim.

Hadith - Shprehje apo fjali që Pejgamberi (s.a.v.) e ka thënë, e ka bërë, apo me heshtjen e tij e ka aprovuar.

Hatixheja - Gruaja e parë e Pejgamberit Muhamed (s.a.v.) deri në vdekjen e saj. Ajo ishte e para që besoi në Pejgamberin (s.a.v.) dhe e pranoi si të vërtetë Shpalljen, që ai e solli nga Allahu xh.sh.

Halid ibn Velidi - Luftëtar i madh, shumë i shkathët në punët e luftës. Ai e planifikoi disfatën e muslimanëve në Uhud, por më vonë e pranoi Islamin dhe për besimin e tij të ri luftoi edhe me më tepër zemër.

Halimeja - Një grua beduine nga fisi i Benu Sa'dëve, e cila u kujdes për Pejgamberin (s.a.v.) në kohën e fëmijërisë së tij.

Hamza - Xhaxhai i Pejgamberit (s.a.v.); njëri nga muslimanët më të guximshëm e më trima. Luftoi në Bedër, ndërsa u vra në Uhud.

Hashimi - Djali i Abdulmenafit. Organizonte udhëtimet e karvaneve të kurejshëve për në Siri dhe Jemen. Si pasojë e kësaj, Meka u bë qendër e madhe dhe e rëndësishme tregtare.

Haxhereja - Gruaja e dytë e Ibrahimit dhe nëna e djalit të parë të tij, Ismailit.

Haxh - Udhëtim për në vend të shenjtë, në Qabe.

Herakliu - Perandori i Perandorisë Romake të Lindjes.

Hindi - Gruaja e Ebu Sufjanit.

Hira - Shpellë afër Mekës ku për herë të parë i zbriti Shpallja Muhamedit (s.a.v.).

Hixhreti - Shpërngulja nga Meka në Medine.

Ibrahimi (Abrahami) - Babai i themelimit të tri feve monoteiste (adhurimin e vetëm të Allahut) - hebraizmit, krishtërimit dhe Islamit. Pasardhësit e të birit, Ismailit, e formuan fisin e kurejshëve, i cili është fisi i Pejgamberit Muhamed (s.a.v.).

I Dërguar - Njeri që vjen me porosi nga Allahu xh.sh.

Imam - Njeri që u prin muslimanëve në kohën kur ata falen.

Islam - Feja e shpallur Pejgamberit (s.a.v.) nga Allahu xh.sh.

Ismaili - Djali i parë i Ibrahimit nga gruaja e tij, Haxhereja. U vendos në Meke ku i ndihmoi babait për të rindërtuar Qaben. Pasardhës të tij janë kurejshët.

Karvan - Një grup udhëtarësh, zakonisht tregtarë me mallrat e veta.

Klan - Familje e madhe apo fis.

Kopt - Egjiptian i krishterë.

Kurejshët - Pasardhës të Ismailit, djalit të Ibrahimit, të cilët u bënë fisi më i rëndësishëm në Meke. Fisi i Pejgamberit (s.a.v.).

Kusejji - Njëri nga udhëheqësit e kurejshëve i cili u bë sundues i Mekes. Ai ruante çelësat e Qabes. (Ai është stërgjyshi i stërgjyshit të Pejgamberit (s.a.v.).

Mejsereh - Robi i Hatixhesë. E shoqëronte Pejgamberin (s.a.v.) gjatë udhëtimeve të tij me karvanët e Hatixhesë.

Minare - Kullë e lartë nga e cila bëhet thirrja për t'u falur, për namaz.

Musliman - Ai që i nënshtrohet Allahut; u referohet ithtarëve të Pejgamberit (s.a.v.).

Oaze - Vend i vogël në shkretëtirë ku ka ujë dhe bimë.

Sa'd ibn Mu'adhi - Njëri nga Ensarët (banorët e Jethribit). Ai luftoi pranë Pejgamberit (s.a.v.) në Bedër dhe në betejat e tjera. Vdiq menjëherë pas luftës së Hendekut.

Sara - Gruaja e parë e Ibrahimit dhe nëna e djalit të tij të dytë, Is'hakut.

Sidret ul Munteha - Fundi i qiellit.

Sure - Kaptinë e Kuranit.

Shehid - Ai që vdes në rrugën e Allahut.

Shejh - Prijës i fisit, njeri plak, i ndershëm dhe i ditur.

Shpallja - E vërteta e dërguar te njeriu nga Allahu xh.sh.

Tavaf - Ecja rituale rreth e përqark Qabes.

Theur - Shpella ku u fshehën Pejgamberi (s.a.v.) dhe Ebu Bekri nga mushrikët kur bënë hixhretin.

Ubejd ibn Harithi - Njëri nga tre muslimanët e zgjedhur nga Pejgamberi (s.a.v.), të cilët e filluan luftën në Bedër.

Umer ibn el Hattabi - Njëri nga trimat më të mëdhenj kurejshë, i cili ndikoi shumë në drejtim të Islamit atëherë kur e pranoi vetë.

Uahshi - Robi abisinas që vrau Hamzain.

Xha'fer ibn Ebi Talibi - Kushëriri i Pejgamberit (s.a.v.) dhe vëllai i Aliut; ai ishte folësi i muslimaneve që u shpërngulën në Abisini.

Xhami - Faltore në të cilën falen muslimanët.

Xhennet - Vend ku shkojnë shpirtrat e njerëzve të mirë pas vdekjes. **Xhibrili** - Engjëlli, i cili Pejgamberit të Allahut (s.a.v.) i dorëzoi shpalljen e Kuranit.